Michelle Kadarusman
BERANI – Malias mutige Mission

Michelle Kadarusman

BERANI

MALIAS MUTIGE MISSION

Aus dem Englischen
von Silvia Schröer

Penguin Random House Verlagsgruppe FSC® N001967

1. Auflage 2024
© 2024 cbj Kinder- und Jugendbuchverlag in der
Penguin Random House Verlagsgruppe GmbH,
Neumarkter Str. 28, 81673 München
Alle Rechte vorbehalten
© 2022 Michelle Kadarusman im Originalverlag
Pajama Press, Toronto, Kanada.
Redaktion: Julia Hanauer
Umschlaggestaltung und Umschlagillustration: Felicitas Horstschäfer
if · Herstellung: bo
Satz: Uhl + Massopust, Aalen
Druck: GGP Media GmbH, Pößneck
ISBN 978-3-570-18134-8
Printed in Germany

www.cbj-verlag.de

Für meinen Bruder Andre

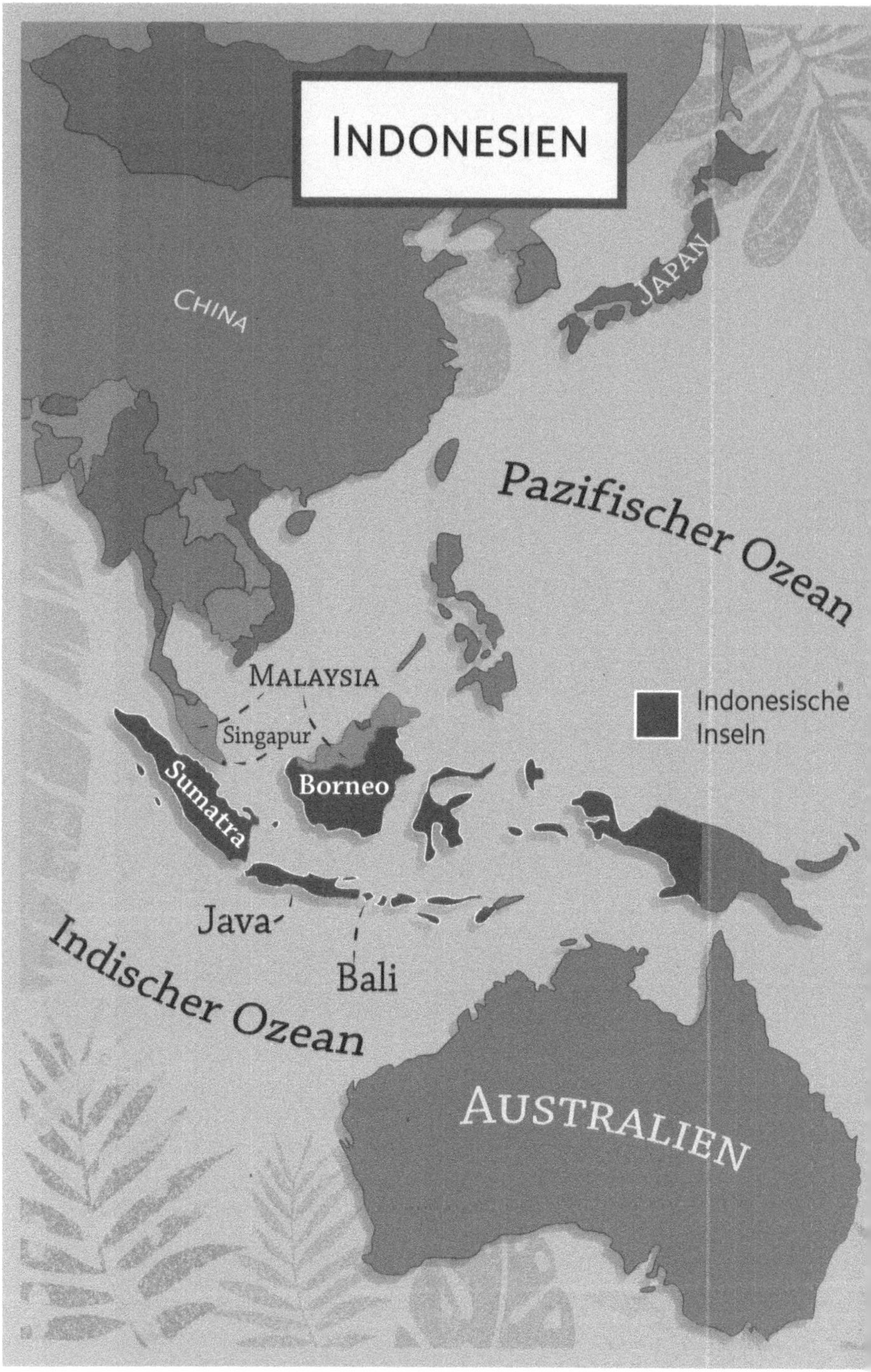
INDONESIEN
CHINA
JAPAN
Pazifischer Ozean
MALAYSIA
Singapur
Indonesische Inseln
Sumatra
Borneo
Java
Bali
Indischer Ozean
AUSTRALIEN

riesigen Nestern schläft? Dass ein Volk von Waldbe-
wohnern mit orangeroten Haaren friedlich über uns
in den Bäumen von Sumatra und Borneo wohnt? Und
was, wenn ich euch erzähle, dass wir Menschen das
Zuhause dieser Lebewesen zerstören? Und gleichzeitig die vielfältigsten und artenreichsten Regenwälder
unseres Planeten? Nur weil wir Menschen ein Öl, mit
dem Lippenstifte, Schokolade und Tausende von Weg-
werfartikeln hergestellt werden, für wichtiger halten.
Unmöglich? Nein. Genau das passiert, während ich
es euch erzähle. Dieses Produkt heißt Palmöl und es
ist verantwortlich für die Abholzung der Regenwälder
und die Ausrottung der Orang-Utans. Es passiert direkt
hier, in unserem eigenen Land.«

Ich lasse die Notizen zu meiner Präsentation sinken
und sehe zu Mom. »Dann zeige ich das Greenpeace-
Video und verteile meine Petition gegen die Verbannung von Produkten mit ›Palmölfrei‹-Etiketten aus
unseren Supermärkten«, erkläre ich ihr. »Wie war's?
Wie findest du es? Ich muss noch mehr schreiben. Ich
weiß, dass es zu kurz ist.«

»Es ist großartig. Ganz im Ernst, Malia. Es ist wirklich ganz wunderbar.« Mom runzelt die Stirn. »Aber
hast du mit deiner Lehrerin abgesprochen, worüber du
reden wirst? Weiß sie, dass du die Schüler bitten willst,
eine Petition zu unterschreiben?«

MALIA

Ich atme tief durch und fange an.

»Also. Ständig passieren die unmöglichsten Sachen. Seltsame, mysteriöse und fantastische Dinge spielen sich jeden Tag direkt vor unserer Nase ab. Nehmen wir zum Beispiel Mini-Elefanten. Fakt ist: Man hat fossile Überreste von prähistorischen Zwergelefanten – Stegodonten – auf mehreren Inseln Indonesiens gefunden. Sie waren so groß wie Bernhardiner und hatten sogar Stoßzähne. Ohne Witz! Wissenschaftler glauben, dass diese Tierart etwa zur selben Zeit gelebt hat wie die Frühmenschen. Könnt ihr euch vorstellen, einen Mini-Elefanten als Haustier zu haben?

Es kommt euch nur unmöglich vor, weil ihr sie nie gesehen habt. Aber was, wenn ich euch sage, dass genau in dieser Sekunde jemand, der fast 97 % unserer menschlichen DNA teilt – aber sieben Mal stärker ist als wir –, in den Baumkronen lebt, Früchte und Blätter isst, spielt, weint, lacht, Kinder großzieht und in

»Echten Aktivistinnen ist es egal, ob sie Ärger bekommen«, sage ich.

Mom sieht mich warnend an.

»Okay, okay, ich verspreche es.«

»Danke«, sagt sie und gibt mir einen Kuss auf die Stirn, ohne zu bemerken, dass ich meine Finger hinter dem Rücken überkreuzt habe.

Seit Mom mir erzählt hat, dass sie mit mir nach Kanada ziehen will, zurück in ihre Heimatstadt Toronto, ist sie weniger streng zu mir. Sie glaubt, sie kann mich mit ihrer guten Laune anstecken, so wie früher, als ich noch ein kleines Mädchen war. Tja, ich bin kein kleines Mädchen mehr, und ich werde Surabaya niemals – nie und nimmer – verlassen. Ich bin hier zu Hause. Hier sind meine beste Freundin und meine Schule. Und ich will hier für immer leben. Papa ist hier beerdigt, und hier gehe ich zu seinem Grab, setze mich unter den Mangobaum und rede mit ihm, erzähle ihm alles über die Petitionen, die ich für die Orang-Utans gestartet habe, und von den Briefen, die ich für sie schreibe.

Erst gestern habe ich Papa einen Zeitungsartikel über die schwedische Klimaschutzaktivistin Greta Thunberg und ihre Fridays-for-Future-Bewegung vorgelesen. Greta ist eine, die durchzieht, was sie sich vorgenommen hat. Sie hat die Menschen gezwungen, ihr zuzuhören, sogar als sie noch jünger war als ich jetzt.

»Sie hat gesagt, dass wir eine zehnminütige Präsentation zum Thema unserer Wahl machen dürfen und dass wir auch digitales Bildmaterial zeigen können.«

»Es ist eine komplizierte Sache, Schatz. Vor allem in Indonesien ist das ein heikles Thema. Wahrscheinlich verdienen einige der Eltern an deiner Schule ihren Lebensunterhalt mit dem Anbau von Palmöl. Es ist wirklich problematisch. Es gibt nicht nur Schwarz-Weiß.«

»Für mich schon«, sage ich.

»Ich mache mir nur Sorgen, dass dieses Thema einige Kinder, na ja, in Gewissenskonflikte bringen könnte.« Mom lächelt mich schief an. »Schließlich sind sie erst 13 Jahre alt. Sie sind nicht diejenigen, die die Entscheidungen treffen.«

»Aber das ist doch genau der Punkt!«, sage ich und reiße meine Arme hoch. »Produktetiketten sind wichtig, damit wir gut informiert entscheiden können, was wir kaufen. Dann können nämlich auch Siebtklässler etwas bewirken.«

Mom kommt zu mir und umfasst mein Gesicht mit ihren Händen. »Aber ja, ihr könnt etwas bewirken. Natürlich könnt ihr das. Und ich bin sehr, sehr stolz auf dich. Aber bitte tu mir einen Gefallen.« Sie sieht mir in die Augen. »Sag deiner Lehrerin, was du vorhast, bevor du weiter an deiner Präsentation arbeitest, okay? Ich möchte nicht, dass du Ärger bekommst.«

11

Wie kann ich die Orang-Utans retten, wenn ich so weit weg in Kanada bin?

Indonesien verlassen kommt nicht infrage. Ich will Mom nicht zuhören, wenn sie sagt, dass sie jetzt, wo Papa tot ist, bei ihrer eigenen Familie in Toronto leben möchte.

»Es ist jetzt schon zwei Jahre her, dass Papa gestorben ist, Malia«, hat sie gesagt. »Es wird Zeit, dass wir nach Hause zurückgehen, nach Kanada.«

»Nach Hause?«, habe ich gesagt. »Aber ich bin schon zu Hause. Indonesien *ist* mein Zuhause.«

ARI

Das bekannte *Warung* Malang ist das Restaurant meines Onkels. Er hat es eröffnet, als er ein magerer junger Mann mit vollem Haar war. Jetzt ist Onkel Kus ziemlich kahlköpfig und auch ganz schön rundlich, aber er ist glücklich so, wie er ist. Er sagt, die Leute vertrauen einem Koch mit Glatze und dickem Bauch. Das ist einfach so.

Onkel hat das Restaurant zunächst als Garküche am Straßenrand eröffnet und *Sop Buntut*, Ochsenschwanzsuppe, verkauft. Das ist seine Spezialität. Er hat hart gearbeitet, Tag und Nacht. So hat er sich einen Namen gemacht; man sagt, er habe die beste Ochsenschwanzsuppe in ganz Malang. Sein Geheimnis ist die kräftige Brühe, die den ganzen Tag auf seinem Herd köchelt. Sie blubbert vor sich hin, angereichert mit Ochsenknochen, Knoblauch und Zimt. Leute aus ganz Malang kommen dafür zu ihm. Einige Kunden erzählen uns, dass sie noch nirgendwo eine bessere Suppe gefunden haben, auch nicht in Surabaya, einer größeren Stadt, die eine Stunde entfernt liegt. Im Laufe der Jahre hat Onkel es von einer einfachen Garküche zu einem echten Restaurant gebracht mit Keramikfliesen auf dem Boden, Rattanstühlen und zwölf Tischen, an denen seine Kunden Platz nehmen, sich entspannen und seine berühmte Suppe zum Frühstück oder Mittagessen schlürfen.

Im *Warung* Malang haben wir nicht nur eine gemütliche Einrichtung. Wir haben sogar lebendige Attraktionen. Einen Hirtenmaina – ein Vogel – namens Elvis Presley und einen Orang-Utan namens Ginger Juice. Ginger Juice ist nach einer anderen Spezialität von meinem Onkel benannt. Ein Getränk aus frisch gepresster *Jeruk* und geriebenem Ingwer. *Jeruk* ist eine Zitrusfrucht, die hier in der Gegend wächst. Die Frucht ist so was wie eine Kreuzung aus Orange und Mandarine und hat eine hellgrüne Schale. Sie ist herrlich erfrischend und dazu passt die Schärfe von frischer Ingwerwurzel ganz wunderbar. Das Getränk wird in einem hohen Glas auf gestoßenem Eis mit einem Löffel braunem Zucker serviert, damit die herbe Süße zur Geltung kommt. Wegen ihres orangefarbenen Fells passt dieser Name perfekt zu Ginger Juice, und auch, weil sie die ganze Zeit im Restaurant lebt. Sie und Elvis Presley sind im *Warung* Malang unser kleines Maskottchen-Team.

Die Tierkäfige stehen auf der Wiese vor dem überdachten Essenspavillon, sodass Elvis Presley die Kunden mit seinem »You ain't nothin' but a hound dog« unterhalten kann. Die Kinder haben Spaß daran, kleine Bananen in Ginger Juices Käfig zu stecken und ihr zuzusehen, wie sie sie sorgfältig schält und dann isst. Neuerdings sitzt sie allerdings oft sehr lange mit dem Rücken zur Kundschaft, kratzt sich faul und laust ihr Fell.

Meine Familie hat mich zu Onkel nach Malang geschickt, damit ich dort die weiterführende Schule besuchen kann. Dafür bin ich natürlich dankbar. Ich habe Glück, dass ich so einen erfolgreichen Onkel habe, der nicht weit von der Innenstadt wohnt, wo ich auf eine gute Schule gehen kann. Unsere Dorfschule hört nach der Grundschule auf.

Natürlich muss ich mich dafür bei Onkel nützlich machen. Es gibt viele Aufgaben, die ich übernehmen kann, um ihm für seine Großzügigkeit zu danken.

Jeden Morgen vor der Schule muss ich nachsehen, ob Elvis Presley Wasser hat und sein Käfig mit sauberem Zeitungspapier ausgelegt ist. Jeden Tag nach der Schule muss ich Onkels Rechnungen sortieren und seine Buchhaltung machen. Aber es gibt eine Aufgabe, vor der scheue ich mich mehr als vor allen anderen Haushalts- und Schulaufgaben. Und das ist, mich um Ginger Juice zu kümmern.

Onkel sagt, sie hat Glück gehabt, dass er sie bekommen hat, als sie noch ein Baby war, nachdem ihre Mutter im Dschungel getötet wurde. Sonst wäre sie ganz sicher alleine im Wald gestorben. Hier im Restaurant bekommt sie so viele Papayas und Bananen, wie sie sich nur wünschen kann, und sie ist in Sicherheit vor Wilderern und Waldbränden. Hier darf sie fett und faul werden. Die Restaurantbesucher lieben sie.

Aber hier ist sie auch in einem Käfig.

Ganz am Anfang, als sie als Baby zu Onkel kam, hat sie nicht im Käfig gewohnt. Sie wurde im Arm gehalten und gekuschelt und hat im Haus geschlafen, genau wie ein richtiges Baby. Da habe ich noch nicht hier gelebt, aber wenn wir zu Besuch kamen, haben meine Cousine und ich mit ihr gespielt. Ginger Juice purzelte und rollte über die Wiese und kletterte an allem hoch, was sie erreichen konnte. Sie zog lustige Grimassen mit ihren breiten, flachen Lippen, schlug sich auf den Bauch und brachte uns zum Lachen. Aber als sie älter und kräftiger wurde, war sie nur noch schwer zu kontrollieren. Sie warf mit Sachen und kletterte oft aufs Dach. Manchmal dauerte es Stunden, bis sie wieder herunterkam. Onkel sperrte sie immer länger in den Käfig. »Es ist zu ihrem eigenen Besten«, sagte er. »Eines Tages klettert sie sonst womöglich über den Zaun und kommt nicht mehr zurück. Sie könnte weglaufen und von einem Lastwagen überfahren werden.«

Das ist schon Jahre her. Jetzt kommt sie gar nicht mehr aus dem Käfig heraus. Tatsächlich passt sie auch gar nicht mehr durch die Tür, weil sie inzwischen größer als die Öffnung ist.

Vielleicht fallen Onkel ihre Augen nicht so auf wie mir. Sie beobachtet mich. Beobachtet mich schweigend. Ich schaue zu Boden, wenn ich ihren Käfig abspritze und neues Zeitungspapier auslege, wobei mir immer meine Brille auf die Nase rutscht.

»Wir müssen ihren Käfig immer blitzeblank sauber halten«, sagt Onkel.

Ich schiebe meine Brille hoch und versuche, Ginger Juice nicht in die Augen zu schauen, während ich arbeite.

Aber manchmal kann ich nicht anders. Mein Blick kreuzt ihren. Und es rüttelt etwas in mir wach, worüber ich nicht nachdenken möchte, ein Gefühl, das ich nicht abschütteln kann.

GINGER JUICE

Platsch. Platsch. Platsch.

Fette Regentropfen, tropf, tropf, tropf, auf die Finger. Elvis Presley, schwarzer Vogel, singt geheimes Lied. Krächzt sein Lied, wenn Mensch nicht hier ist. Wenn Mensch hier ist, trippelt er auf und ab auf der Stange, singt Menschenworte, immer und immer wieder.

Wenn Elvis geheime Musik trällert, erinnere ich mich an Vogellied aus Vorher-Leben. Klang- und Duftfetzen tanzen, unerreichbar, wie früher Schmetterlinge über das Nest flatterten. Wenn Elvis Presley geheimes Lied singt, bin ich zurück in grüner, wogender Welt mit Duft von nassen Blättern und Moos.

Und du, *Ibu*. Du bist auch da.

Wenn es regnet, zeigst du mir, wie ich das riesige Blatt von Taro über den Kopf halte, um trocken zu bleiben. Alle Mütter zeigen Babys diese Dinge.

Kleiner Menschenmann kommt, um den Käfig zu fegen. Elvis Presley hört auf mit geheimem Lied. Ich beobachte, wie Mensch sich bewegt. Kleiner Mensch macht jetzt den Käfig sauber. Nicht mehr großer, runder Mensch. Kleiner Mensch ist dünn wie Mungo. Großer Mensch ruft ihn Junge. Junge hat etwas im Gesicht. Kreise um die Augen wie langsamer Lori.

Wenn er nah ist, rieche ich Angst. Er sieht mich nicht an. Er schiebt die Kreise wie langsamer Lori auf der Nase hoch, Kopf gesenkt.

Ich beobachte ihn viele Regentropfen lang, dann kommt Nebelschleier mich holen. Wenn Nebelschleier kommt, wird alles leicht. Nebelschleier stülpt sich über meinen Kopf, wie Menschen die Haube über den Käfig von Elvis Presley stülpen. Nebelschleier verändert den Herzschlag der Zeit. Lässt mich vergessen. Nebelschleier lässt meinen Kopf davonschleichen. Weit, weit weg. Und die Angst wird schwächer. Schwach. Schwächer.

Ich reibe die Finger aneinander. Feucht. Hebe sie an die Lippen. Leck. Leck. Schnüff. Schnüff.

Schlecht. Bitter. Stinkt.

Hier schmeckt Regen wie Luft, aber auch ein bisschen süß. Regen ist frei. Regen fällt, wo er will. Regenduft hält Nebelschleier fern und will heute nicht, dass ich Vorher-Leben vergesse.

Du und ich, *Ibu*. Wir zusammen und frei.

MALIA

Bibi schlurft in mein dunkles Zimmer und pfeift, damit ich wach werde, während sie die Vorhänge aufzieht.

»Sieh dich an, immer noch im Bett«, sagt sie. »Hältst du dich für eine Prinzessin? Der halbe Tag ist schon um. Steh auf.«

Ich schaue auf die Uhr. Es ist sechs Uhr morgens. In Surabaya beginnt der Schultag früh, damit die Schüler noch vor der sengenden Hitze am Nachmittag zu Hause sind.

Unser Dienstmädchen, Bibi, hat notorisch schlechte Laune. Sie wirft mir oft königliches Gehabe vor. Sie ist so mürrisch, dass meine Freundinnen Angst vor ihr haben. Eigentlich haben alle Angst vor ihr, wenn ich so darüber nachdenke. Sogar Mom. Die einzige Person, die keine Angst vor ihr hatte, war Papa. Und natürlich ich. Bibi war Papas *Amah*, als er noch ein kleiner Junge war, und seit meiner Geburt ist sie meine *Amah*, mein Kindermädchen. Sie ist ziemlich alt.

Ich strecke meine Arme zur Decke, schwinge meine Füße aus dem Bett und stelle sie auf den Boden, wo Bibi mit einem kräftigen Tritt meine Hausschuhe hinbefördert hat.

»Mach meinen Boden nicht schmutzig«, brummt sie, aber wir beide wissen, dass sie in Wirklichkeit meint, ich soll meine Füße warm halten. Bibi schlurft mit einem *Ts, ts* in meine Richtung wieder zur Tür hinaus. »Geh dich waschen«, sagt sie. »Dein *Bubur* wird kalt.«

Mit einem plötzlichen Pochen in meiner Brust fällt mir ein, dass ich heute meine Präsentation halte. Ich gehe in mein Badezimmer und spritze mir Wasser ins Gesicht. Ich werfe einen Blick in den Spiegel. »Zeit, die Welt zu retten!«, sage ich zu meinem Spiegelbild. Das Mädchen im Spiegel sieht mich herausfordernd an. Selbstbewusst reckt sie ihr Kinn, aber das Mädchen in meinem Inneren zittert ein bisschen.

Ich ziehe meine Schuluniform an, weiße Bluse und hellblauer Rock, und setze mich an den Frühstückstisch. Bibi nimmt den Teller weg, den sie über meine Schüssel mit *Bubur* gelegt hat, damit mein Frühstück nicht kalt wird. Der warme Hähnchenbrei ist cremig, genau richtig gesalzen und mit knusprig gebratenen Frühlingszwiebeln obendrauf, genauso wie ich es am liebsten mag. Ich werfe einen Blick zu Moms Schlafzimmer, aber die Tür ist geschlossen. Seit Papa gestorben ist, frühstückt Mom meistens in ihrem Zimmer.

Bibi bringt ihr ein Tablett mit gesüßtem Schwarztee und Mangoscheiben auf Joghurt.

Morgens ruft meine Mom meistens einen ihrer Brüder oder meine Großeltern in Kanada an. Sie sind zwölf Stunden hinter uns – wenn bei uns Morgen ist, ist bei ihnen Abend. Manchmal nehme ich meine Schüssel *Bubur*, setze mich auf das große Bett zu Mom und höre zu, während sie sich mit ihrer Familie unterhält. Ihr Englisch klingt anders, wenn sie mit ihren Brüdern spricht. Die Wörter kommen so schnell, dass sie wie bei einem Lied ineinander übergehen. Und manchmal benutzt sie Wörter, die ich nicht kenne.

»Das ist Umgangssprache«, sagt sie danach zu mir. »Kein richtiges Englisch.« Sie muss es wissen. Sie ist Professorin für Linguistik. Sie spricht perfekt Bahasa, aber untereinander sprechen wir Englisch. Ich weiß, dass ich fließend Englisch spreche. Mein Englisch ist besser als das der anderen in meiner Klasse. Aber trotzdem schäme ich mich, wenn ich mit meinen kanadischen Cousins und Cousinen rede. Als ich klein war, haben sie sich immer über meinen Akzent lustig gemacht. »Es ist so süß«, haben sie gesagt, »wie du das *R* rollst.« Noch ein Grund, warum ich nicht nach Toronto ziehen will. Ich stelle mir vor, wie sich eine ganze Klasse über meinen Akzent lustig macht. Eine ganze Schule voller Mädchen wie meine Cousinen mit ihren seidenweichen blonden Haaren und ihrer blassen Haut, die auf mich zeigen und mir sagen, wie *süß* ich bin, in diesem neckenden Tonfall, in dem man mit Babys spricht.

»Wen kümmert schon ein Akzent?«, sagt Mom. »Außerdem stimmt es, du klingst *wirklich* süß.«

Grrr.

Ich stecke mir noch einen Löffel voll *Bubur* in den Mund. Heute ist kein Tag, um süß zu sein. Heute bin ich todernst.

ARI

Ich gebe zu, wenn ich meine Aufgaben im Restaurant erledige, fällt es mir schwer, komplett bei der Sache zu sein – wo es doch andere Dinge gibt, die ich tun könnte, wie zum Beispiel Schach spielen. Heute Morgen muss ich früh los, weil ich entgegen aller Erwartung ausgewählt wurde, mit unserem Schachteam an der ersten Runde eines Turniers teilzunehmen, an einer Privatschule in Surabaya. Ich spiele Schach erst, seit ich an die weiterführende Schule gekommen bin, aber mein Freund Faisel sagt, ich sei ein Naturtalent. Wir spielen mindestens dreimal die Woche zusammen. Wir haben eine Vereinbarung: Ich bezahle Faisels Kaffee und Gebäck im *Warung* Kopi und er gibt mir dafür Tipps beim Schachspielen. Faisel spielt schon, seit er klein war, und sein Unterricht hat mir sehr geholfen.

Wir haben keinen Schachmeister an der Schule, nur einen rechthaberischen älteren Schüler namens Yosef, der die AG leitet. Er stolziert zwischen den Spielern umher und stöhnt laut, wenn er sieht, dass jemand einen schlechten Zug gemacht hat. Oder er schlägt sich gegen die Stirn. Es ist nicht gerade das perfekte Umfeld, um Schach zu lernen, aber das Spiel fasziniert mich einfach. Die unendlichen Möglichkeiten! Die unendlichen Strategien! Yosef stand jetzt schon mehrere Male hinter meinem Stuhl, ohne zu stöhnen oder sich gegen die Stirn zu schlagen. Beim letzten AG-Treffen hat er seine Augenbrauen hochgezogen, genickt und gesagt: »Stabiler Zug.« Ich hoffe, durch meine Begeisterung für das Spiel habe ich mir sein Wohlwollen verdient.

Bei Weitem die besten Spielerinnen sind zwei Mädchen, Melonie und Samir. Niemand kommt an sie heran. Sie schweben über uns Sterblichen wie himmlische Wesen. Und natürlich hätten sie und nicht Faisel und ich unsere Schule vertreten sollen, aber letzte Woche ist ein kleines Wunder geschehen. Das Wunder kam in Form einer hoch ansteckenden, aber nicht lebensbedrohlichen Mandelentzündung, die unter den Mitgliedern unseren Schach-AG gewütet hat. Die Hälfte von uns, Melonie und Samir eingeschlossen, hat sich angesteckt.

Ich lasse meinen Blick durch das Restaurant schweifen und frage mich, ob ich lange genug gekehrt habe, um mich vor Onkels schlechter Buchführung zu drücken. Trotz des Regens nimmt die Hitze zu. Meine Klei-

28

der kleben mir am Körper. Ich beschließe, genug getan zu haben, um keinen Ärger zu bekommen, räume den Besen weg und hole meine Schultasche. Elvis Presley beobachtet mich mit schief gelegtem Kopf. Als ich näher komme, fängt er an, auf seiner Stange auf und ab zu wippen, als würde er sich für eine seiner musikalischen Nummern in Stimmung bringen.

»Hab einen schönen Tag, Elvis«, sage ich, als ich an ihm vorbeigehe. Ginger Juice betrachtet den Regen und blinzelt träge. Sie hat ihre riesige Hand durch die Gitterstäbe gesteckt, um die Regentropfen aufzufangen. Wenn ich sie ansehe, überkommt mich wieder dieses nagende Gefühl. Ich erkenne es. Es ist das Gefühl, eine Freundin zu verraten. Etwas, das ich gut kenne.

Ich trete nach draußen in den Nieselregen und halte mir meine Schultasche über den Kopf, damit mein weißes Schulhemd nicht komplett durchnässt wird. Ich versuche, die Erinnerung zu verdrängen. *Reiß dich zusammen, Ari. Ginger Juice ist nur ein Affe. Sie ist überhaupt keine Freundin, noch nicht mal ein Mensch. Sie ist nicht Suni.*

Es wäre korrekt, zu sagen, dass Suni bis vor Kurzem meine beste Freundin war. Meine Sandkastenfreundin, meine Cousine, meine Mitverschwörerin, wenn es um das Aushecken von Dorfstreichen ging, meine Reisfeld-Komplizin. Aber jetzt gehe ich hier in Malang zur Schule, während sie immer noch im Dorf ist. Bestimmt

29

scheucht sie gerade die Enten über die schmalen aufge-
schütteten Erdwälle zwischen den Reisfeldern, und er-
muntert sie, sich die Bäuche mit den Nacktschnecken
vollzuschlagen, die sich sonst über die zarten Spröss-
linge hermachen würden. Vielleicht steht sie auch
knietief im Matsch und steckt mit ihren zarten Fingern Reissetzlinge in den Boden. In der Grundschule
war *sie* die Schlaue, nicht ich, aber jetzt gehe *ich* auf die
weiterführende Schule, nicht sie. Ich habe den einzigen
Platz genommen, den sich unsere Familie leisten kann.
Ich habe ihr die einzige Chance genommen, die sie je
haben wird, weiter zur Schule zu gehen. Stattdessen
ist sie dageblieben, um auf den Reisfeldern zu helfen.

Seit ich nach Malang gezogen bin, war ich nicht wieder zu Hause, so wie ich es ihr versprochen hatte.

»Komm oft nach Hause und bring mir alles bei, was
du lernst«, hat sie mich gedrängt. »Bring deine Bücher
mit, erklär mir deine Unterrichtsstunden. Vielleicht
kann ich mithalten! Versprich, dass du mich nicht ver-
gisst.«

Am Anfang war ich völlig ausgelastet mit meinen
Hausaufgaben und der Arbeit im Restaurant. Aber
dann, als ich Gelegenheit und Zeit gehabt hätte, hat
mich etwas anderes abgehalten.

Schuldgefühle. Schuldgefühle haben mich abgehalten. Wie könnte ich ins Dorf zurückkehren und den
breiten Horizont an Erfahrungen erklären, den die

Stadt mir eröffnet hat? Neue Freunde, Unterricht und Schach. Genau davon hatten wir immer geträumt. Nur dass es jetzt ganz allein mein Traum ist und nicht mehr der Traum, den wir als Kinder gemeinsam geträumt haben. Je mehr Zeit vergeht, umso weiter entferne ich mich von meinem früheren Leben in unseren Reisfeldern. Und am einfachsten ist es, meiner Familie wieder einmal zu erzählen, dass ich keine Zeit habe. Dass ich nicht heimkommen kann. Je mehr Zeit vergeht, umso größer wird der Abstand zwischen Suni und mir, und ich kann so tun, als wäre es egal, und mir einbilden, dass sie glücklich ist, da, wo sie ist. Je mehr Zeit vergeht, umso mehr kann ich so tun, als hätte ich sie nicht verraten.

Diesen gedanklichen Balanceakt bekomme ich so lange hin, bis mein Blick auf Ginger Juice fällt. Wenn ich den Affen zusammengekauert in seinem Käfig hocken sehe, drängen alle meine sorgfältig vergrabenen Gefühle an die Oberfläche und verlangen nach Aufmerksamkeit. Ich schüttele den Kopf. Besser, ich konzentriere mich auf andere Dinge. Beschäftige mich. Wenn mein Verstand genug zu tun hat, kann ich die Schuld so tief vergraben, dass sie nicht an die Oberfläche dringt.

MALIA

Bibi reicht mir meine Schultasche.

»Kein Mittagessen, oder?«, frage ich sie.

Sie winkt ab. Als ich auf die weiterführende Schule gekommen bin, habe ich ihr erklärt, dass ich lieber in der Schulcafeteria esse, als jeden Tag eigenes Mittagessen von zu Hause mitzubringen. Die Cafeteria ist *der* Ort, an dem man in der Mittagspause sein muss. Allerdings nicht so sehr wegen des Essens, wie ich zugeben muss. Bibi hat diese Neuigkeit nicht so gut aufgenommen. Sie sieht mir hinterher, als ich durch unser vorderes Sicherheitstor trete. Die heiße, schwüle Luft umfängt mich. In Surabaya ist es immer feuchtheiß, egal zu welcher Tageszeit. Ich rufe einen der *Becak*-Fahrer an der Ecke herbei. Die Schule ist zu weit weg, um zu Fuß zu gehen, und zu nah, um gefahren zu werden. Die perfekte Entfernung für eine Rikscha, besonders wenn es nass ist. Der Morgenregen verteilt den Duft von überreifen Papayas in der Luft. Ich klettere auf den abgenutzten Plastiksitz, den der Fahrer mit einem alten Handtuch trockengewischt hat. Das Dach des *Becak* schützt mich vor dem Nieselregen. Die alten Räder quietschen, als der Fahrer Richtung Schule in die Pedale tritt. Ich warte, bis wir in sicherer Entfernung von zu Hause sind, bevor ich einen Blick in meine Schultasche werfe. Wie vermutet, hat Bibi die vertraute Plastikdose hineingeschmuggelt. Ich seufze und greife in die Tasche, um sie zu öffnen. *Mie Goreng.* Sie weiß ganz genau, dass gebratene Nudeln mein Lieblingsessen sind. Und sie hat sogar die winzigen Krabben reingemischt, die ich so liebe. Ich schiebe die Plastikdose beiseite und sehe nach, ob ich auch wirklich meine Präsentation und den USB-Stick dabeihabe, auf dem sich das Greenpeace-Video befindet, das ich nach meinem Vortrag zeigen möchte. Ich habe Ausdrucke meiner Petition dabei, aber ich habe auch ein Onlineformular erstellt, auf das ich die Schüler verweisen kann.

»Ständig passieren die unmöglichsten Sachen. Seltsame, mysteriöse und fantastische Dinge spielen sich jeden Tag direkt vor unseren Nasen ab.« Ich spreche die Sätze laut vor mich hin, übe den Anfang meiner Präsentation, um meine Nerven zu beruhigen. Ich beschwöre Bilder der gestohlenen Wälder herauf und der unschuldigen Orang-Utans, denen man ihr Zuhause und ihre Leben weggenommen hat. Bis das *Becak* bei der Schule ist, hat meine Nervosität brodelnder Wut und Empörung über das Schicksal der Affen Platz gemacht.

Putu, meine beste Freundin, wartet an unserem üblichen Treffpunkt neben der rot blühenden Bougainvillea vor dem Schulhof auf mich. Sie hat einen Schirm in der Hand und hüpft aufgeregt von einem Fuß auf den anderen. »Heute hältst du deine Präsentation!«, verkündet sie.

Schon seit unserer Kindheit hat Putu die Kommentatorinnenrolle zu jedem meiner Schritte übernommen. Sie findet es spannender, was in meinem Leben passiert, als das, was in ihrem eigenen geschieht. Oder vielleicht ist sie auch nur so nett, dass sie mit ihrer Nettigkeit ein ganzes Fußballstadion füllen könnte. Einmal habe ich ihr gesagt, dass sie netter ist, als gut für sie ist, und sie hat geantwortet: »Das passt doch. Du bist nicht immer nett und zusammen befinden wir uns dann im Gleichgewicht.« Ich komme gegen ihre Logik nicht an. Ich weiß, dass Putu mir eine echte Freundin ist, und das zu wissen, ist genial.

»Ja«, sage ich und gebe dem *Becak*-Fahrer das Fahrgeld. »Ich bin bereit.«

Putu ist einen Kopf kleiner als ich, und ihre Haare sind zu einem Bob geschnitten, der hübsch auf und ab wippt, während sie neben mir herläuft und sich bemüht, mit mir Schritt zu halten. Wir treten durch das Tor in unsere Schule, die *Sekolah Menegah Pertama (SMP)*. Es ist eine Privatschule, aber anders als an den privaten internationalen Schulen findet der Unterricht auf Bahasa statt, nicht auf Englisch. Die meisten Menschen glauben, dass alle Indonesier Muslime sind, aber an unserer Schule gibt es auch eine kleine Gruppe anderen Glaubens. Unsere Schülerschaft setzt sich aus verschiedenen Religionen zusammen: natürlich Moslems, aber auch Christen, Buddhisten und Hindus. In Indonesien muss man festlegen, zu welcher Religionsgemeinschaft man gehört, auch wenn man weder in die Kirche noch in die Moschee oder den Tempel geht. Mom sagt, in Kanada sei das anders. Dort muss man seinen Glauben nicht angeben. Putu ist Hindu, weil ihre Eltern von der Insel Bali kommen, wo die meisten Menschen Hindus sind. Ich gehöre keiner Religion an, aber in den Schulformularen mache ich ein Kreuz bei Christin. Ich finde, so habe ich wenigstens ein Recht auf die Weihnachtsgeschenke, die mir meine kanadischen Großeltern jedes Jahr schicken.

Ich drücke ein paar vorbeieilenden Schülern Petitionszettel in die Hand.

»Solltest du damit nicht warten, bis du deinen Vortrag gehalten hast?«, fragt Putu, als sie sieht, wie ich die Blätter verteile.

»Ja, du hast recht«, stimme ich ihr zu. »Ich bin nervös.«

»Soll ich deine Hand halten?«, fragt Putu.

»Ja«, bitte ich sie. »Aber nur bis wir beim Klassenraum sind.«

Putu nimmt meine Hand und drückt sie. »Du wirst das toll machen. Atme einfach.«

GINGER JUICE

Regen, platsch, platsch, platsch, auf die Hand und dann im Kopf. Ruft Erinnerung wach. Muss Vorher-Leben verstecken hinter Nebelschleier. Es beschützen. Aber der Regenduft heute ... Ruft mich in Vorher-Leben, ins Gesumm und Geschnatter vom Dschungel. *Krächzen, Brummen, Krachen, Sirren* – Heimatlaute, geschützt in Baumkronen. Ich und du, *Ibu*, wachen dort auf im weichen Nest hoch über dem Waldboden. Im Morgengrauen hallt *Aw-aw-aw* von Gibbons als Erstes über das Baumdach. Dann *Schnalz* und *Tirili* von Singvögeln, dann Gackern von Nashornvögeln. Augen auf zu sanftem *Klong, Klong, Klong* von aneinanderstoßendem Bambusrohr.

Hoch oben kuschele ich mich an dich, warte und beobachte. Du zeigst mir, wie ich süßes Fleisch von Durian aus harter, stacheliger Schale kratze. Sonne ist jetzt aufgegangen und warme Strahlen tanzen durchs Blätterdach. Plappernde Affen ruhen aus. Jetzt Sirren von Zikaden, Heuschrecken und Grillen.

Du trägst die schwere Durian-Frucht von Zweigen unten nach oben zum Nest. Stachelige Schale gegen raue Rinde. Dicke Schale, du schlägst, schlägst, schlägst viele Male gegen den Baumstamm.

Kleine Hand auf große Hand, will helfen. Du nickst, dankbar für die Hilfe. Die Durian-Frucht platzt auf, und du zeigst mir, wie meine dünnen Finger cremiges weißes Fruchtfleisch herauskratzen, kratz, kratz.

Ich stopfe weiches Essen in mich, *mmmh*, süßer Saft tropft. Stolz, weil ich dir gezeigt habe, dass ich schlau bin und mich selbst füttern kann. Ich stehe auf, kreische, fuchtele mit kleinen Armen, *Hhk, hhk, hhk!* Du verziehst den Mund zu kurzem Lächeln, dann drückst du mich mit starken Händen wieder runter. Weiter arbeiten, weiter arbeiten.

Iss, iss, machst du mir Zeichen. *Deine Aufgabe ist jetzt essen. Keine Spielzeit.* Jede Berührung, jeder Blick, jeder Stupser sagt mir, was du von mir erwartest.

Ibu, immer erklärst du mir, zeigst mir, wie ich lebe, überlebe. Affe sein.

Vorher-Leben endet an diesem Tag. Durian-Frucht fast aufgegessen, da hören wir ein Geräusch. Böses Geräusch. Mächtiges Geräusch. Geräusch wie Donnergrollen, so laut, dass der Boden bebt unter den Baumkronen. Lauter als Himmelsdonner.

Du legst die Arme um mich und schaust zum bösen Geräusch. Du bleibst ruhig und still, wartest, dass es aufhört. Ich bleibe auch still, stecke meinen Kopf unter deinen Arm. Ich habe Angst, warte, bis du mir sagst, es ist wieder sicher.

Aber es hört nicht auf, wird lauter, immer lauter. Wir hören keine anderen Waldtiere, nur kreischendes Brüllen von großem Donner.

Auch der Geruch vom Wald verändert sich an diesem Tag. Bitterer, fauliger Duft in Luft. Duft von Menschen, ich weiß es jetzt.

Du drückst mich fester und fester an deinen starken Körper. Du verharrst still. Du denkst und denkst.

Bleiben oder gehen? Bleiben oder gehen? Ich klammere mich an dich, vertraue, glaube daran, du weißt, was zu tun ist, weil du das immer weißt. Du bist meine *Ibu*. Meine Mutter.

Dann kein böses Geräusch mehr. Schnell, schnell wird es zu etwas anderem. Etwas, was uns noch mehr Angst macht. Als würde der Wald schreien. Knackende Laute, als riesige Baumkronen *krach, krach, krach* zu Boden fallen.

Die Durian-Schale fällt aus dem Nest, als du mich auf deinen Rücken wirfst. Ich halte mich gut fest, weil wir uns jetzt in Bewegung setzen. Schwing, schwing, schwing! *Schnell.* Du schwingst von Ast zu Ast durch Baumkronen, du kennst Lianen, die unser Gewicht halten, uns rasch, rasch durch den Dschungel bringen.

Aber egal wie weit wir von Baum zu Baum schwingen, wir entkommen nicht.

Eins, zwei, drei, viele, viele Riesen fallen, krachen um. Du kletterst höher und höher in Baumkronen, schwingst von Ast zu Ast, versuchst zu fliehen.

Wir finden Unterschlupf im Stamm vom dunkelroten Merantibaum. Wir ducken uns. Als das Waldschreien aufhört, ist fast Abenddämmerung. Aber die Stille bringt nicht Frieden. Die Stille bringt etwas anderes.

Die Stille bringt noch größere Angst – *Feuer*!

ARI

Auf der etwa einstündigen Busfahrt von Malang zur Privatschule in Surabaya redet Yosef nicht lange drumherum.

»Das ist eine große Chance für dich, Ari«, sagt er. »Blamier uns nicht.«

»Nein, Sir«, antworte ich. Das *Sir* ist vielleicht etwas übertrieben, weil Yosef nur zwei Jahre älter ist als ich, aber unter den gegebenen Umständen möchte ich mein Glück nicht herausfordern. Yosef belohnt mich mit einem kurzen Nicken.

Faisel stupst mich an. »Es gibt ein Preisgeld für den Turniersieg, weißt du das?«

»Im Ernst?«, frage ich.

»Yep. Die Schule bekommt eine Trophäe und der Gewinner der Endrunde bekommt das große Preisgeld.«

»Wie viel?«, frage ich, und Faisel nennt mir eine Zahl, die meinen Pulsschlag beschleunigt. Ich bitte ihn, es zu wiederholen, weil ich meinen Ohren nicht trauen will.

Nach unserer Ankunft melden wir uns im Schulsekretariat an. »Es kommt gleich jemand, der euch zum Turnierraum bringt«, teilt uns die Sekretärin mit. »Bis ihr abgeholt werdet, könnt ihr euch dort drüben hinsetzen.«

Zehn Minuten später kommt die uns zugewiesene Eskorte. Ein Junge in dunkelblauem Jackett mit Schullogo auf der Brusttasche streckt uns zur Begrüßung die Hand entgegen. »Herzlich willkommen am SMP«, sagt er. »Ich bringe euch zum Turnierraum. Es geht bald los.« Er öffnet die Tür des Schulsekretariats und gibt uns mit einem Handzeichen zu verstehen, dass wir vorgehen sollen. Durch eine weitere Tür betreten wir einen überdachten Fußweg. Der Garten ist gepflegt und wunderschön und überall stehen Schüler beieinander und unterhalten sich.

An dem vielen Platz, den sie hier haben, macht sich der Unterschied dieser Privatschule zu unserer Schule deutlich bemerkbar. In unserer Schule kann man nicht durch die Gänge laufen, ohne sich gegenseitig anzurempeln. Die Fußwege und Gärten hier geben uns Einblick in eine andere Welt. Wir erahnen, wie sich der Luxus von ausreichend Platz und Schönheit anfühlt.

Unvermittelt werde ich langsamer, als zwei Mädchen – das eine groß, das andere etwas kleiner – mir mit entschlossenen Schritten entgegenkommen. Mein Blick trifft den des größeren Mädchens. Ein inneres

Leuchten erhellt ihre Augen, ein seltenes Zusammen-spiel von Licht und Farbe, wie ich es noch nie gesehen habe. So ähnlich wie Bernstein. Oder Cola auf Eis. Ich bin beeindruckt und für einen Augenblick sprachlos.

Wortlos drückt sie mir einen Zettel in die Hand, ohne irgendwelche Erklärungen und ohne ihren zügi-gen Schritt zu verlangsamen.

»Wer ... wer ist das?«, frage ich mit dem Zettel in der Hand.

Unser Begleiter wirft einen Blick zurück, während die Mädchen durch die Tür verschwinden, aus der wir gerade herausgekommen sind. »Das ist Malia. Sie ist ein Mischling. Mutter *Bule*, Vater *Orang Asli*. Halt dich lieber von ihr fern. Sie ist ziemlich rechthaberisch.«

Ich schaue auf den Zettel, den sie mir gegeben hat. Es scheint eine Art Petition zu sein. Der Text ver-schwimmt vor meinen Augen; ohne meine Brille kann ich ihn nicht richtig lesen. Ich stecke den Zettel in meine Schultasche. *Jetzt ist nicht der richtige Zeitpunkt, um sich ablenken zu lassen*, ermahne ich mich. *Du musst dich auf das Spiel konzentrieren.*

Man erklärt uns die Turnierregeln. Gespielt wird nach dem Schweizer System, alle Teilnehmer spielen sieben Spiele. Für jedes Spiel bekommt man einen Punkt für den Sieg, einen halben für ein Remis und null Punkte für eine Niederlage. Die vier besten Schul-teams kommen ins Halbfinale. Mein erster Gegner ist ein Junge namens Hendra. Er spielt eine starke Eröffnung, bringt seine weniger wichtigen Figuren früh ins Spiel und besetzt die Brettmitte. Aber nach zwanzig Spielzügen macht er den fatalen Fehler, seinen König ungedeckt zu lassen, und ich setze ihn mit meinem Turm schachmatt. Hendra sieht schockiert aus, schüttelt mir dann aber sofort die Hand, um mir zu gratulieren. Er lächelt. »Du hast mich erwischt, als ich nicht aufgepasst habe. Gut gespielt.«

Den reichen Schülern von der Privatschule ist das Turnier nicht so wichtig, begreife ich. Ihnen ist das Preisgeld egal und sie wollen nicht auf Teufel komm raus gewinnen.

So seltsam es ist, meine Lebensumstände haben mir einen Vorteil verschafft, einen, den ich nicht aus den Augen verlieren werde.

Als der Nachmittag zu Ende geht, habe ich fünf von meinen sieben Spielen gewonnen, und unser Team hat sich für das regionale Halbfinale qualifiziert. Sogar Yosef lächelt. »Gar nicht schlecht für dein erstes Turnier«, sagt er, als wir in den Bus steigen, um zurück nach Hause zu fahren. Ich grinse und setze mich auf meinen Platz neben Faisel.

»Faisel hat mich gut vorbereitet«, sage ich und klopfe ihm auf die Schulter.

»Der Schüler hat den Lehrer überholt«, sagt Faisel. Am Ende des Tages hat er nur dreimal gewonnen.

»Das stimmt nicht«, sage ich. »Ich hatte einfach nur Glück.« Aber sowohl Faisel als auch Yosef sehen mich jetzt anders an, und das fühlt sich gut an – als wäre ich in einen goldenen Lichtstrahl getreten.

Es ist ein warmes Gefühl, das ich nie vergessen werde.

MALIA

Alle in meiner Klasse sind mucksmäuschenstill, als ich meinen Vortrag beende. Wie angewurzelt stehe ich da, schaffe es aber, Putu zuzunicken, damit sie das Licht ausschaltet. Ich starte das Greenpeace-Video *Rang-Tan*. In dem kurzen Zeichentrickfilm geht es um ein kleines Mädchen, das einen ungebetenen Gast in ihrem Zimmer hat. Rang-Tan stiftet Chaos im Zimmer des Mädchens, wirft eine Tafel Schokolade auf den Boden und brüllt ein Shampoo an – beides wurde mit Palmöl hergestellt. Dann erzählt der kleine Orang-Utan dem Mädchen, warum er keinen Schlafplatz mehr hat. Das Video zeigt Bilder von Bulldozern und Bränden, die die Wälder zerstören, um Platz für Palmölplantagen zu schaffen. Das Video endet mit den Worten: *Gewidmet den fünfundzwanzig Orang-Utans, die jeden Tag sterben. Wir dürfen unsere Regenwälder nicht für Palmöl zerstören. Unterschreibt die Petition.*

Als Putu das Licht wieder einschaltet, bricht die Klasse in Applaus aus.

»Ich habe eine eigene Petition verfasst, um dagegen zu protestieren, dass die Regierung Produkte aus unseren Supermärkten verbannt, auf deren Etiketten vermerkt ist, dass sie ohne Palmöl hergestellt sind«, sage ich so laut, dass man es über das Klatschen hinweg hören kann. Ich schwenke die Zettel mit der Petition über meinem Kopf. »Ich habe auch ein Onlineformular erstellt, das ich auf unserer Klassenwebsite posten werde.« Ich mache eine Pause und lasse meinen Blick durch den Raum schweifen, während der Lärm verebbt. »Wir alle müssen Produkte wählen, von denen wir wissen, dass sie den Orang-Utans nicht schaden, und ohne eine Kennzeichnung können wir uns nicht richtig informieren.«

Viele stürmen direkt auf mich zu, um sich ein Exemplar meiner Petition abzuholen, und plötzlich bin ich umringt von Leuten, die mir gratulieren und auf die Schulter klopfen. »Außerdem habe ich noch Informationen über Orang-Utan-Organisationen hinzugefügt, die sich darum kümmern, Tiere aus der Gefangenschaft wieder auszuwildern. Es ist illegal, einen Orang-Utan als Haustier zu halten ...« Meine Stimme geht im Geplapper unter. Ich ärgere mich, dass ich diesen Teil meines Vortrags vergessen habe, gestatte mir aber trotzdem ein zaghaftes Lächeln. Meine Präsentation war ein voller Erfolg. Alle wollen das Formular unterschreiben.

Ich bemerke, dass unsere Lehrerin Mrs. Harwono

stirnrunzelnd ein Exemplar der Petition betrachtet, das ihr jemand gereicht hat. Sie gibt Putu ein Zeichen, das Licht wieder auszuschalten.

»Ruhe, bitte«, sagt sie. »Geht zurück auf eure Plätze.« Die Schüler gehorchen, und als alle wieder auf ihren Plätzen sitzen, schaltet Mrs. Harwono das Licht wieder an. »Malia, du darfst dich auch wieder hinsetzen«, sagt sie zu mir. Ihre Stirn liegt immer noch in Falten, was gar nicht zu ihr passt. Sie legt die Petition auf ihren Tisch. »Es tut mir leid, Kinder, aber ihr werdet Malias Petition hierlassen müssen. Ich muss erst das Einverständnis der Schulleitung einholen, bevor sie in Umlauf gehen kann.«

Die Schüler murren, protestieren aber nicht, als Mrs. Harwono durch das Klassenzimmer geht und die Blätter wieder einsammelt. Die Euphorie, die mich erst vor wenigen Augenblicken überschwemmt hat, ist genauso schnell wieder verflogen. Mir fällt mein gebrochenes Versprechen gegenüber meiner Mom ein, nämlich meiner Lehrerin vor meiner Präsentation von der Petition zu erzählen.

»Wir reden nach dem Unterricht«, sagt Mrs. Harwono zu mir und nimmt mir die restlichen Petitionen aus der Hand.

»Das ist ein kompliziertes Thema, Malia. Es ist nicht so einfach, wie es aussieht«, sagt Mrs. Harwono, als der

Unterricht zu Ende ist. »Ich weiß, dass du gute Absichten hast, aber ohne Einverständnis des Direktors kann ich nicht erlauben, dass die Schüler die Petition mit nach Hause nehmen. Vor allem, da auch der Name der Schule daraufsteht.«

»Aber es ist unfair, was mit dem Wald und den Orang-Utans passiert. Warum dürfen wir nicht protestieren? Was hat das mit der Schule zu tun?«

»Das musst du verstehen. Was unsere Schülerinnen und Schüler tun, fällt auf unsere Schule zurück. Viele Eltern an unserer Schule sind durch die Landwirtschaft oder auf unterschiedlichen Regierungsebenen involviert. Was du tust, könnte die Gemüter einiger dieser Leute erhitzen. Damit sage ich nicht, dass du nicht das Recht hast, zu protestieren. Das hast du. Aber eine Petition in Umlauf zu bringen, die die Schule mit hineinzieht – das muss erst vom Direktor genehmigt werden.«

»Aber er wird es nicht genehmigen, oder?«

»Wahrscheinlich nicht«, gibt sie zu. »Aber ich werde es versuchen. Ich verspreche, dass ich es versuchen werde.«

Sie berührt meine Hand. »Ich möchte, dass du weißt, wie sehr ich dich für deine Überzeugungen bewundere. Das tue ich wirklich. Aber es gibt Regeln, an die wir uns halten müssen. Wir sind hier nicht in Kanada.«

Ihr Kommentar trifft mich. »Ich weiß, wo wir sind«,

sage ich und kann die Wut in meiner Stimme nicht verbergen. »Ich bin Indonesierin.«

»Ich wollte dich nicht angreifen, Malia. Ich wollte nur sagen, dass wir hier in Indonesien nicht dieselbe Meinungsfreiheit haben, wie sie in anderen Ländern normal ist – wie zum Beispiel in Kanada.« Sie lächelt. Ich merke, wie sie versucht, das, was sie gesagt hat, herunterzuspielen. »Deine Mutter kann das bestimmt besser erklären.«

Es ist egal, dass ich Bahasa spreche und auf eine indonesische Schule gehe. Wegen meiner hellen Haut und meiner weißen Mutter bin ich für die anderen trotzdem eine Außenseiterin. Sogar Mrs. Harwono, die ich wirklich sehr mag, sieht mich als *Bule*, als Ausländerin.

»Ich werde mir einen Termin bei Mr. Ahmad geben lassen, und ich verspreche, ich sage dir Bescheid, sobald er eine Entscheidung getroffen hat«, sagt sie. »Okay?«

»Okay«, sage ich.

»Bis dahin darfst du davon nichts an die Schüler verteilen. Hast du das verstanden?«, fragt sie und hält die Petition hoch.

Ich nicke und frage mich, ob ich ihr von den wenigen Petitionen erzählen soll, die ich auf dem Weg zum Unterricht verteilt habe. Ich entscheide mich dagegen. Schließlich wusste ich da noch nicht, dass ich sie nicht verteilen darf. Außerdem habe ich bereits beschlossen, was ich tun werde, wenn ich nach Hause komme. Ich werde die Onlinepetition, die ich erstellt habe, auf der Klassenwebsite hochladen. Damit habe ich dann nicht gelogen, wenn man es genau nimmt. Ich habe nur versprochen, die Papiervariante nicht mehr zu verteilen.

Echte Aktivistinnen lassen sich nicht von Regeln aufhalten.

Vor dem Klassenraum wartet Putu auf mich. Ich erzähle ihr nichts von meinem Plan mit der Onlinepetition. Allein bei der Andeutung eines Regelbruchs wird sie nervös.

»Was ist passiert?«, fragt sie.

»Ich habe versprochen, mich an das zu halten, was man mir gesagt hat«, antworte ich ihr.

Putu sieht mich von der Seite an, sagt aber nichts.

Mir fällt ein, wie seltsam schweigsam Putu angesichts meines drohenden Umzugs nach Kanada war. Ich hatte erwartet, dass die Aussicht, ich könnte wegziehen, sie empört, aber das war nicht der Fall. Bin ich als Freundin vielleicht eine Last, weil ich so leicht reizbar und oft schlecht gelaunt bin? Ich habe immer damit gerechnet, dass Putu eines Tages aus meinem Schatten heraustreten wollen würde. Vielleicht betrachtet sie meinen Umzug als ihre Chance?

Ich beschließe, sie auf dem Weg zu unserer nächsten Unterrichtsstunde auszuhorchen.

»Willst du, dass ich wegziehe?«, frage ich sie. »Sei ehrlich.«

»Irgendwie klingst du, als würdest du mir etwas vorwerfen. Du musst wegen deiner Mutter umziehen. Es ist nicht meine Schuld.«

»Ja, aber ich möchte wissen, ob du *willst*, dass ich weggehe.«

»Natürlich will ich *nicht*, dass du gehst«, sagt sie. »Aber ... aber ich halte es für deine Pflicht, deine Mutter zu unterstützen und ... und ...« Sie bricht ab.

»Sag schon!« Ich gebe keine Ruhe. »Spuck's aus.«

»Du hast Glück, in Kanada leben und dort zur Schule gehen zu dürfen ... und du weißt dein Glück nicht zu schätzen.«

»Du hältst mich für eine verwöhnte Göre«, sage ich.

»Ja«, sagt Putu freundlich. »Aber mach dir keine Sorgen«, fügt sie hinzu. »Ich werde dich besuchen kommen und dann gehen wir zusammen Schlitten rutschen.«

»Du meinst Schlitten *fahren*.«

»Nein«, sagt Putu. »Du willst mich nur für dumm verkaufen. Ein Schlitten hat doch keine Räder?« Sie beäugt mich argwöhnisch, und ich frage mich, wie ich je ohne sie leben soll.

ARI

Auf der Busfahrt nach Hause fühle ich mich luftigleicht.

In meinem Kopf spiele ich meine Siege immer wieder durch und muss lächeln, wenn ich mich ans Schachmatt erinnere. Dann fällt mir das beeindruckende Mädchen wieder ein, das mir den Zettel in die Hand gedrückt hat. Ich setze meine Brille auf und suche in meiner Schultasche danach. Ich überfliege das etwas zerknitterte Papier kurz und stelle fest, dass es sich um eine Petition handelt, die Unterschriften gegen die Verbannung von Produkten mit »Palmölfrei«-Etiketten aus den Supermärkten sammelt. Außerdem wird erklärt, welchen Schaden der Anbau von Palmöl den Orang-Utans und ihrem Lebensraum zugefügt hat.

Natürlich muss ich sofort an Ginger Juice denken, und ich bin froh, dass sie bei uns wenigstens in Sicherheit ist vor der beschriebenen Zerstörung des Waldes. Auf dem Zettel sind eine Website und ein Passwort angegeben, damit man die Petition unterschreiben kann, und ich nehme mir vor, das beim nächsten Mal zu machen, wenn ich im Internetcafé Zugang zu einem Computer habe. Ich könnte den Zettel auch direkt an die angegebene Adresse schicken. Die durchdringenden Augen des Mädchens gehen mir nicht aus dem Kopf, und ich habe das Bedürfnis, die Petition für sie zu unterschreiben. Bevor ich den Zettel wegpacke, lese ich noch ein Stück weiter und stoße auf einen Textkasten:

> Die Haltung von Orang-Utans als Haustiere ist gesetzeswidrig. Wenn Sie von einem in Gefangenschaft lebenden Orang-Utan wissen, sollten Sie die Behörden informieren. In Gefangenschaft gehaltene Orang-Utans können gerettet und in Auffangstationen untergebracht werden, wo sie unter Bedingungen leben können, die ihrem natürlichen Umfeld entsprechen. Manchmal können sie auch wieder ausgewildert werden. Da es nur noch wenige wilde Orang-Utans gibt, ist jeder in Gefangenschaft lebende Orang-Utan wichtig. Schweigen Sie nicht, wenn Sie einem in Gefangenschaft lebenden Orang-Utan helfen können.

Während ich den Text lese, stockt mir der Atem. Es ist, als hätte das Mädchen mir direkt in die Brust gegriffen und mein Herz zusammengequetscht. Das gilt doch bestimmt nicht für Ginger Juice, oder?! Sie wird von uns geliebt und geschätzt. Wir beschützen sie vor den Gefahren des Dschungels. Ich zerknülle das Blatt und stopfe es in meine Schultasche. Das Mädchen ist eindeutig nicht richtig informiert. Ich werde ihre Petition doch nicht unterschreiben.

Ich sehe aus dem Busfenster und schaue zu, wie Surabayas verstopfte Straßen grünen Flecken Platz machen. Hinter den *Satay*-Ständen und anderen Imbissverkäufern am Straßenrand sind vereinzelt Reisfelder zu sehen, während wir uns Malang nähern. Das warme Hochgefühl nach dem Turniersieg ist verflogen.

MALIA

Nach der Schule gehe ich zum Mangobaum und setze mich darunter. Die Erde unter seinen schweren Zweigen ist feucht und weich, aber der Regen hat endlich aufgehört. In der warmen, dunstigen Luft trudeln Blätter träge zu Boden. Ich atme den Duft der Tuberose ein, die überall auf dem Friedhof wächst, und wische verwelkte Blütenblätter von Papas Grabstein. Ich versuche, mich bei Papa darüber zu beschweren, dass ich Indonesien verlassen soll, aber es hilft ganz und gar nicht. Papa hat Kanada geliebt. Bei unseren jährlichen Besuchen in der Hütte von Moms Familie am See verwandelte er sich immer in einen waschechten Kanadier. Er lief mit einer *Blue-Jays*-Baseballkappe und einem *Raptors*-Basketball-Shirt durch die Gegend. Er sah sich die Eishockeyspiele an, die meine Onkel für ihn aufgenommen hatten. »Es ist nicht leicht, ein *Maple-Leafs*-Fan zu sein«, jammerte er immer. »Aber nächstes Jahr gewinnen sie bestimmt.« Stets der Optimist.

Er schwamm sogar jeden Tag im See, was mir viel zu kalt war. »Durch meine Adern fließt Ahornsirup!«, rief er uns stolz zu, während er nicht weit vom Ufer entfernt herumplanschte. Seine Zeit am See verbrachte er damit, all das zu machen, was er als Kind in Surabaya nie getan hat. Er machte Lagerfeuer und ging auf Kanutouren. Er wanderte durch die Wälder und ging auf Angelausflüge mit den Onkeln. Für ihn war die Hütte ein exotischer Ort.

Während ich also dasitze und versuche, mich über den Umzug nach Toronto bei ihm auszuheulen, höre ich ihn nur sagen: »Die ganze frische Luft und all das saubere Wasser. Kostenlose Gesundheitsversorgung und Schuldbildung. Ja, es ist wirklich ein furchtbarer, ganz schrecklicher Ort.«

Papa konnte ein *Smart Aleck* sein, wie die Kanadier sagen würden: ein Klugscheißer.

Meine Mom könnte man dagegen als geradeheraus bezeichnen. Sie ist groß und schlank, hat hellbraune Haare und haselnussbraune Augen. Sie wuchs Hockey spielend mit ihren zwei älteren Brüdern auf, die behaupten, sie nicht geschont zu haben, weil sie ein Mädchen war. Sie ist lustig und durch und durch furchtlos. Ich habe sie surfen, tauchen und Bungee springen sehen. Einmal meinte mein Großvater, in der Hütte draußen bei den Mülltonnen einen Bären gehört zu haben, und es war Mom, die hinausging, zwei Töpfe gegeneinanderschlug und ihn brüllend verscheuchte. Wir sind alle dringeblieben und haben ihr durchs Fenster zugesehen. Sie lächelt gern und sie ist sehr, sehr nett. Sie scheut keine Mühen, um ihren Studenten bei der Bewerbung für Auslandsvisa und mit akademischen Empfehlungsschreiben zu helfen. Aber sie kann auch stur sein. Will man sie drängen, läuft man gegen eine Wand. »Willensstark«, so hat Papa sie beschrieben. Wortwörtlich hat er zu mir gesagt: »Du bist genauso willensstark wie deine Mutter.« Meistens sagte er das, wenn Mom und ich uns gestritten hatten.

Als ich klein war, war mir schmerzlich bewusst, wie sehr sich meine Mom von all den anderen kleinen, leise sprechenden indonesischen Müttern unterschied. Sie fiel in jeder Hinsicht auf und ich schämte mich. Nicht wirklich für sie, aber ich schämte mich dafür, anders zu sein. Ich hasste es, erklären zu müssen, woher sie kam, und dann mein eigenes »Anderssein« herunterzuspielen, indem ich sagte: »Aber ich bin hier geboren, ich bin Indonesierin.« Ich schäme mich immer noch, dass ich mich geschämt habe. Aber manchmal war ich auch unverdient stolz darauf, zum westlichen Kulturkreis zu gehören. Amerikanische Filme und Fernsehserien sind in Indonesien beliebt und manchmal verwechseln die Leute Kanada und die USA.

Meine Eltern haben sich an der Universität in Toronto kennengelernt, wo mein Papa seinen Doktor in Bioethik gemacht hat und Mom ihren Master in Linguistik mit der Spezialisierung auf asiatische Sprachen. Sie lernte gerade Bahasa, als ihr jemand von meinem Dad an der Universität erzählte. Sie schickte ihm daraufhin eine E-Mail und fragte ihn, ob sie ihn auf einen Kaffee einladen dürfte, um ein bisschen sprechen zu üben. Papa witzelte immer, dass Mom nie aufgehört habe, mit ihm sprechen zu üben, und Mom sagt, sie wusste, dass sie die Sprache beherrschte, als es ihr gelang, bei einem Streitgespräch mit ihm auf Bahasa das letzte Wort zu behalten.

Tatsächlich war der Plan meiner Eltern immer gewesen, zurück nach Toronto zu ziehen, sobald ich die Grundschule beendet hatte. Das habe ich immer gewusst. Es war vorgesehen, dass ich in Toronto auf die weiterführende Schule gehen würde. Womöglich hat Papa sich sogar noch mehr als Mom auf den Umzug gefreut. Was nicht vorgesehen war, war, dass Papa krank wurde.

Es war nie vorgesehen, ohne ihn dort hinzuziehen.

Ich werde aus meinen Gedanken gerissen, als Oma mit einem Strauß Rosen im Arm vor mir steht. Sie trägt eine große Designersonnenbrille, ein seidenes Kopftuch und ein maßgeschneidertes Kostüm. Sie legt die Blumen auf Papas Grab und streicht mir eine lose Haarsträhne hinters Ohr.

»Deine Haare sind immer so unordentlich«, sagt sie.

Auf diese Art gibt sie mir zu verstehen, dass ich ordentlicher und angemessener aussehen würde, wenn ich ein Kopftuch tragen würde. Oma eröffnet unsere Gespräche gerne mit Kritik. Sie hält das für charakterbildend. Ich gehe nicht auf ihren Kommentar ein und stehe auf, um sie richtig zu begrüßen. Wir reichen uns die Hand und unsere Wangen berühren sich, einmal auf jeder Seite.

»Hallo, Oma«, sage ich. »Ich wusste gar nicht, dass du heute kommst.«

»Nur kurz, um frische Blumen auf das Grab meines Sohnes zu legen.« Ihr Schultern sacken leicht nach vorn, während sie Papas Grabstein betrachtet. »Im Anschluss habe ich ein Geschäftstreffen«, sagt sie und strafft die Schultern. »Soll ich dich nach Hause fahren?«

»Nein, schon gut, ich hab Lust, zu Fuß zu gehen.«

Oma nimmt ihre Sonnenbrille ab und mustert mein Gesicht. »Wie läuft es in der Schule?«, fragt sie. »Ist alles in Ordnung?«

»Schule ist okay«, sage ich, und mir fällt die Onlinepetition wieder ein, die ich an meine Klasse verschicken will. »Ach, weißt du was, es wäre doch toll, wenn du mich nach Hause fahren könntest.«

Oma schüttelt den Kopf und macht *ts-ts*. »Dann komm, bevor du deine Meinung wieder änderst.«

Sie greift nach meinem Arm und stützt sich darauf ab. Es erinnert mich daran, dass sie eine alte Frau ist –

eine Tatsache, die mich jedes Mal wieder überrascht. Ihre Stöckelschuhe bleiben in dem weichen, nassen Erdboden stecken und geben schmatzende Geräusche von sich, während wir zu ihrem Mercedes laufen.

Oma umklammert fest meine Hand, und ich weiß, sie ist dankbar, dass ich da bin. Es fällt ihr immer noch schwer, Papas Tod zu akzeptieren. Das fällt uns allen schwer.

ARI

Onkel besitzt ein Transistorradio, auf das er sehr stolz ist. Er reinigt es regelmäßig und sagt, dass es ihn nie im Stich lässt. An den Abenden, an denen seine Freunde zum Dominospielen vorbeikommen, knistert *Dangdut*-Musik aus den Lautsprechern. Sie spielen oft bis spät in die Nacht. Die Restauranttische werden zu einem großen Viereck zusammengeschoben, sodass alle Spieler daran Platz haben. Muslimischen Männern ist das Glücksspiel verboten, daher versichert Onkel jedem, der fragt, dass sie nur zum Spaß spielen. Ich weiß ganz genau, dass sie Wetten abschließen, aber seine Freunde sind größtenteils Armeeangehörige, also wagt niemand, etwas zu sagen.

So ist Onkel auch zu Ginger Juice gekommen. Einer der Spieler, ein Kommandant des örtlichen Armeestützpunktes, hatte sie ihm anstelle des Geldes angeboten, das er ihm schuldig war. Onkel sagt, er erkennt ein gutes Geschäft, wenn er es sieht. Baby-Orang-Utans können einen sehr viel höheren Preis erzielen als die Summe, die man ihm schuldete. Ursprünglich hatte er sie verkaufen wollen, um Profit mit ihr zu machen, aber dann hatte er sie ins Herz geschlossen.

Das hatten wir alle.

Als sie klein war, liebte sie es, Purzelbäume im Gras zu machen und am Stamm der Dattelpalme im Garten hinaufzuklettern. Als wir Kinder waren, haben wir sie gekitzelt, um ihr dieses tiefe, kehlige Lachen zu entlocken, ein *hhk, hhk*, das uns immer bezauberte. Wir behandelten sie, als wäre sie unsere kleine Cousine, trugen sie auf der Hüfte umher und nahmen sie sogar im Auto mit, um andere Verwandte zu besuchen.

Am Anfang steckten wir sie nur in den Käfig, wenn sie einen Tobsuchtsanfall hatte, mit Gegenständen warf oder sich weigerte, vom Dach herunterzukommen. Onkel hatte Angst, dass sie davonlaufen könnte. Ein anderer Armeekumpel hatte ihm einen Käfig gegeben und erklärt, dass er für einen Baby-Sumatra-Tiger gewesen war. Das Schicksal des Tigers und warum er den Käfig nicht mehr länger brauchte, war nie Thema gewesen. Onkel sagte uns, es wäre zu ihrem eigenen Besten, so wäre Ginger Juice in der Nacht sicher. Aber die Kundschaft im Restaurant hatte Spaß daran, sie in ihrem Käfig zu beobachten, und so wurde aus einem geliebten Haustier eine Attraktion.

Heute Morgen, während ich ihr Gehege abspritze,

muss ich an das denken, was ich in der Petition des Mädchens gelesen hatte. Plötzlich sehe ich den Käfig mit anderen Augen und muss zugeben, dass sie inzwischen jämmerlich wenig Platz darin hat. Als sie noch klein war, konnte sie klettern und sich an den Gitterstäben entlangschwingen, aber jetzt ist sie so groß, dass der Platz dafür nicht mehr ausreicht.

Ich drehe den Schlauch ab. »Du brauchst einen größeren Käfig«, sage ich zu ihr. Mir wird bewusst, dass ich seit langer Zeit zum ersten Mal wieder mit ihr spreche. Weiß sie noch, wie wir früher zusammen gespielt haben? Der Gedanke stimmt mich nostalgisch, und ohne nachzudenken, stecke ich meine Hand durch die Gitter und streichele ihr über den Arm. Als Antwort streckt Ginger Juice langsam ihre Hand aus und meine verschwindet in ihrer riesigen und faltigen Pranke. Hand in Hand sitzen wir schweigend beieinander. Ich bin stumm vor Ehrfurcht. Ihre Pranke ist riesig, aber ihr Händedruck ist sanft und tröstlich. *Wie lange ist es her, seit sie das letzte Mal berührt wurde?*, frage ich mich. Ich blicke in ihre gutmütigen Augen und entdecke nichts anderes als Freundlichkeit.

Ja, das ist die Lösung, denke ich, wie hypnotisiert von ihrem Blick. *Sie braucht einfach einen Käfig, der groß genug ist, damit sie darin so wie früher herumklettern kann. Und vielleicht ein paar Spielsachen. Als sie klein war, hat sie so gerne mit Fußbällen gespielt. Wenn sie erst mal*

67

ein Gehege hat, das groß genug ist, kann ich ihr bestimmt ein paar Bälle zum Spielen besorgen. Ich beschließe, mit Onkel darüber zu sprechen, und blende wieder aus, was ich in der Petition des Mädchens gelesen habe.

Ginger Juice gehört zu uns, so viel steht fest.

MALIA

Bevor ich ins Bett gehe, öffne ich meinen Laptop, um die Onlinepetition zu checken, die ich vor ein paar Stunden auf der Klassenwebsite hochgeladen habe. Es ist Freitagabend, und die Schüler haben übers Wochenende Zeit genug, das Formular zu unterzeichnen und an die staatliche Arznei- und Lebensmittelbehörde zu mailen. Deren E-Mail-Adresse habe ich recherchiert und in der Petition angegeben. Die Behörde ist verantwortlich für den Erlass, Anti-Palmöl-Produkte zu verbannen. Und weil Wochenende ist, wird Mrs. Harwono die Petition wahrscheinlich nicht sehen. Nicht vor Montag.

Bevor ich die Klassenwebsite aufrufe, logge ich mich in meinen E-Mail-Account ein. In meinem Posteingang befindet sich eine E-Mail mit dem Betreff: *Hey Bule!* Ansonsten steht nichts weiter in der Mail, und die Adresse des Absenders besteht nur aus Zahlen, kein Name.

Ich bin es gewohnt, dass man mich *Bule* nennt. Ich bin anders, nicht nur wegen meiner ausländischen

Mutter, sondern auch weil ich keine Muslima bin. Die Tatsache, dass ich nicht muslimisch bin, ist ein Thema, das für einigen Ärger in meiner indonesischen Familie sorgt und einen tiefen Graben zwischen Mom und Oma zieht. Oma hätte gern, dass ich wie der Rest ihrer Familie ein muslimisches Mädchen bin.

Wenn ich Mom danach frage, sagt sie: »Wenn du einer Religion angehören möchtest, ist das deine Entscheidung. Wenn du alt genug bist, kannst du selbst wählen.« Ihrer Meinung nach soll ich so lange mit dieser Entscheidung warten, bis ich erwachsen bin. Im Vergleich zu den Eltern meiner Freunde und Freundinnen, für die Religion sehr wichtig ist, ist das ein ungewöhnlicher Standpunkt. Mom wurde christlich erzogen, praktiziert diesen Glauben aber nicht mehr. Papa war muslimisch erzogen worden, ist es aber wohl nur wegen Oma geblieben. Sie hat mit ihm geschimpft, wenn er während des Ramadan nicht fastete oder wenn er das Freitagsgebet verpasste. Er schob immer seine Reisen und Arbeitsverpflichtungen als Entschuldigung vor. Vielleicht haben meine Eltern auch, weil sie aus so unterschiedlichen Kulturen kamen, beschlossen, sich neutral zu verhalten, wenn es um Religion ging.

Als Papa noch am Leben war, legten wir drei immer unsere Arme nebeneinander und sagten: »Schokolade, Mokka und Vanille!« Und so erklärte ich als kleines Kind meine Mischlingshaut mithilfe von Eissorten. Ich habe natürlich auch andere *Campuran*, Mischlingskinder, getroffen. Mom hatte immer eine Menge Freundinnen und Freunde, die als Ausländer Indonesier und Indonesierinnen geheiratet hatten, aber deren Kindern gingen auf die internationale Schule. Keines der *Campuran*-Kinder, die ich kennengelernt habe, begreift sich so wie ich als indonesisch.

Egal, *Bule* genannt zu werden, ist nichts Neues für mich. Ich lösche die E-Mail.

Ich schließe meinen Laptop, lege ihn auf meinen Nachttisch, lösche das Licht und mache die Augen zu. Hinter meinen Augenlidern flammt kurz eine kleine Panikattacke auf. Ein Teil von mir kann nicht fassen, dass ich die Petition in Umlauf gebracht habe, nachdem es mir ausdrücklich verboten wurde. Eine Mischung aus Angst und Euphorie durchrieselt meinen Körper von Kopf bis Fuß. So fühlt es sich an, wenn man etwas unternimmt, statt nur zu reden. So fühlt es sich an, eine echte Aktivistin zu sein.

Als ich am nächsten Morgen aufwache, checke ich als Erstes die Klassenwebsite. Meine Petition wurde dreiundzwanzig Mal angeklickt. Im Laufe des Wochenendes schaue ich immer mal wieder nach. Die Zahl steigt und steigt. Sonntagmorgen liegt die Anzahl der Klicks bei einhundertdreiundzwanzig. Das heißt, die Schüler aus meiner Klasse haben die Petition auch an andere weitergeleitet.

Putu schickt mir jedes Mal, wenn sie sich die Zahl der Klicks anschaut, eine Reihe von Emojis, mit der sie den Erfolg der Petition feiert. Seit ich ihr das »Schlupfloch« der Onlinepetition erklärt habe, fühlt sie sich als Cheerleaderin für dieses Undercoverprojekt sicher genug. Außerdem kann sie ganz beruhigt sein, weil sie weggefahren ist, was ihr zusätzliche Sicherheit verschafft. Sie ist übers Wochenende mit ihren Eltern in Bali zur Einäscherung eines älteren Verwandten. Die hinduistische Einäscherungszeremonie ist ein Riesenereignis für balinesische Familien und dafür werden keine Kosten gescheut. Bei diesem Fest werden die Verstorbenen gefeiert, und man gibt ihnen die Chance, sich von irdischen Fesseln zu lösen. Man muss es richtig machen, damit das geliebte Familienmitglied ins Jenseits übergehen kann. Lange Prozessionen finden statt, die den örtlichen Verkehr für mehrere Stunden zum Erliegen bringen. Putu hat mir Fotos geschickt, damit ich sie in traditioneller Kleidung sehe. Sie sieht aus wie eine Prinzessin, mit goldenen Schärpen um ihre Taille und orangefarbenen Blumen im Haar.

Sonntagnachmittag verzichtet sie auf die Emojis und schreibt VIRAL.

Ich lächele vor mich hin und stelle mir den Tsunami an E-Mails vor, den die Regierungsbehörde am Montagmorgen vorfinden wird.

ARI

Um erfolgreich im Schach zu sein, muss man lernen, viele Schritte im Voraus zu planen. Man sagt, dass Schachmeister zehn Züge vorausdenken. Genau wie ein Schachspieler lege ich mir eine Strategie zurecht, bevor ich Onkel auf das Thema eines besseren Geheges für Ginger anspreche. Da ich mir den Ausbau nicht leisten kann, muss ich *ihn* davon überzeugen, Geld auszugeben, was einem Wunder gleichkommen würde.

Genau wie ein professioneller Spieler plane ich meinen Eröffnungszug und lege mir Gegenzüge parat, je nachdem, wie seine Antwort lauten wird. *Der Trick*, sage ich mir, *ist, im Spiel immer einen Schritt voraus zu sein und sich auf verschiedene Varianten vorzubereiten.* Nachdem ich mich ausreichend mit Argumentationshilfen gewappnet habe – zum Beispiel, dass es den Kunden des Restaurants gefallen wird, Ginger Juice aktiver zu sehen –, gehe ich auf der Suche nach Onkel in die Restaurantküche. Es ist besser, mit ihm zu reden, wenn er mit etwas anderem beschäftigt ist, weil er dann umgänglicher ist. Diese Strategie habe ich bereits früher erfolgreich angewendet. Aber in der Küche finde ich nur Nang, seine Küchenhilfe. Sie schält und schneidet Kartoffeln für die Suppe. Ein wachsender Berg Schalen liegt zu ihren Füßen, während sie energisch Kartoffelscheiben in eine riesige pinkfarbene Plastikschüssel schneidet.

»Er holt sich gebratenen Reis«, sagt sie und hebt ihren Blick nicht von der Arbeit. »Er wird erst später wieder da sein.« Sie wirft mir einen Blick zu, um zu sehen, ob ich verstanden habe. Das habe ich. Sie meint, er wird erst *sehr* viel später wieder da sein.

Es mag einem seltsam vorkommen, aber Onkel isst seine eigene Spezialität nicht. Von *Sop Buntut* bekomme er Blähungen, sagt er. Als Mitbewohner kann ich nur dankbar sein, dass er sich stattdessen *Nasi Goreng* in einer Garküche in der Nähe, einem lokalen Treffpunkt, kauft. Onkel isst gerne, wirklich gerne. Er bestellt immer eine doppelte Portion und benutzt eine Reiskelle statt einem Löffel, damit er sich sein Essen so richtig reinschaufeln kann. Während er isst, grinst er.

Für mich gibt es weißen Reis und den Rest aus dem Suppentopf, der vom Tagesgeschäft übrig geblieben ist. Der einen Tag alte Reis ist oft etwas knusprig und trocken, aber mit ausreichend deftiger Brühe wird er zu einer leckeren Mahlzeit. Am Ende des Tages ist meist nicht viel vom Ochsenschwanz übrig, aber es sind noch eine Menge Karotten und Zwiebeln da.

Ich mache mir eine Schüssel voll und lasse meine Gedanken schweifen, während ich esse. Das Turnier-Preisgeld fällt mir wieder ein. *Was ich alles mit so einem unerwarteten Geldsegen anfangen könnte!*

Aber schon bald fahren die vielen Verwendungs-möglichkeiten Karussell in meinem Kopf. Das Nahe-liegendste, nämlich meinen Eltern das Geld zu geben, steht natürlich ganz oben auf der Liste. Außerdem schwirrt mir der Gedanke, Suni ein großes Geschenk zu kaufen, durch den Kopf. Etwas richtig Tolles, so-dass vielleicht die schwere Last der Schuld von meinen Schultern genommen wird. Dann drängen sich auch noch Gedanken, wie mir selbst einen Laptop oder ein Handy zu kaufen, in den Vordergrund. Und schließlich ist da noch Ginger Juice. Mit dem Geld könnte ich ihr ein größeres Gehege bauen.

In meinem Kopf dreht sich alles vor lauter Möglich-keiten, und ich bin fast erleichtert, als ich mir ins Ge-dächtnis rufe, dass ich mich nicht entscheiden muss. Ich habe kein Geld und ich habe das Turnier noch nicht gewonnen.

Aber vielleicht wirst du das, flüstert eine leise Stimme. *Vielleicht wirst du das.*

MALIA

»Malia, Malia, du wirst einiges erklären müssen.«

Mom ist in meinem Zimmer und draußen ist es immer noch dunkel. Sie ist sogar früher als Bibi aufgestanden. Ich setze mich auf und kneife die Augen zu, weil sie das Licht eingeschaltet hat.

»Wovon redest du?«, frage ich, dabei weiß ich ganz genau, wovon sie spricht.

»Deine Onlinepetition. Ich habe siebenundzwanzig E-Mails bekommen. Siebenundzwanzig! Alle von Eltern und Lehrern deiner Schule.« Sie ist sehr wütend. »Malia, du hast mir versprochen, dass du erst deine Lehrerin fragst, bevor du die Petition verteilst.«

Ich nicke. »Ich weiß, das habe ich«, gebe ich zu. »Aber die Präsentation ist so gut gelaufen und alle Schüler wollten die Petition so gern unterschreiben.« Ich reibe mir die Augen. »Mrs. Harwono hat gesagt, dass ich die Papierversion nicht verteilen darf, bis sie mit dem Direktor gesprochen hat, aber sie hat nichts über die

Onlinepetition gesagt. Was für eine Aktivistin wäre ich, wenn ich nicht einen Weg finden würde, Unterstützung zu mobilisieren?« Diesen Satz habe ich irgendwo in einem Blogbeitrag gelesen.

»Ach, komm schon, Malia! Du weißt ganz genau, was sie gemeint hat.« Mom schüttelt den Kopf. »Ich bin so enttäuscht von dir. Ich kann einfach nicht fassen, dass du das getan hast. Sowohl den direkten Anweisungen deiner Lehrerin als auch meinen nicht zu gehorchen.«

»So schlimm ist es nun auch wieder nicht, oder?«, frage ich sie. »Es ist doch nur eine Petition. Warum bist du so wütend?«

»Weil ich gerade mit Mrs. Harwono telefoniert habe und ...«

»Und was?« Ich richte mich auf.

»Du *und* Mrs. Harwono seid beide von der Schule suspendiert, bis die Angelegenheit untersucht wurde.«

Bei dem Wort *suspendiert* sinke ich zurück auf mein Kissen. Mir fällt mein Gespräch mit Mrs. Harwono wieder ein, und wie ich mich gefühlt habe, als sie sagte: »Das ist nicht Kanada.«

Habe ich die Onlinepetition verschickt, um mich an ihr zu rächen? Um sie zu bestrafen? Ich schiebe diesen unwillkommenen Gedanken beiseite.

»Aber es ist doch nicht ihre Schuld, warum suspendieren sie Mrs. Harwono? Das ist nicht fair. Sie wusste nichts von der Onlinepetition«, sage ich.

»Nein, es ist nicht fair«, sagt Mom. »Das könnte ernste Folgen für sie haben.« *Und es ist deine Schuld.* Mom spricht es nicht aus, aber die Worte hängen zwischen uns in der Luft. Sie sitzt auf meinem Bett. »Je nachdem, wie es jetzt weitergeht, könnte es sein, dass wir früher als geplant nach Kanada aufbrechen. Du bist für September in der weiterführenden Schule in Toronto angemeldet. Dieses Halbjahr machst du sowieso zusätzlich, weil das indonesische Schulsystem bereits im Januar beginnt.« Sie seufzt. »Aber das tut jetzt nichts zur Sache. Was vorgefallen ist, ist ernst, Malia. Wir müssen dafür sorgen, dass Mrs. Harwono von jeglichem Fehlverhalten freigesprochen wird. Sie ist eine gute Lehrerin und ein guter Mensch. So etwas verdient sie nicht.«

Nein. Nein. Nein. Alles entwickelt sich in die völlig falsche Richtung. Es läuft überhaupt nicht nach Plan.

»Aber ich will nicht nach Kanada!«, sage ich und schlage mit der Faust auf die Matratze. »Ich werde Oma und Putu und Bibi nicht verlassen. Und überhaupt: Was soll aus Bibi werden?«, fauche ich sie an und versuche, das Thema zu wechseln. »Wir können sie doch nicht einfach im Stich lassen!«

»Nicht schon wieder, Malia. Wir haben das schon zu oft besprochen. Ich bin nicht in der Stimmung, diese Diskussion erneut zu führen.« Ihre Stimme klingt neutral und ruhig. Zu ruhig. »Du weißt, dass Oma bereits geplant hat, uns in Toronto zu besuchen. Und du wirst die Ferien bei ihr verbringen. Und was Bibi anbelangt: Sie freut sich auf ihre Rente. Sie ist eine alte Frau. Findest du nicht, dass sie es verdient hat, mit der Arbeit aufzuhören?«

Der Gedanke, dass Bibi vielleicht nicht hier sein möchte, um sich um uns zu kümmern, ist mir noch nie gekommen. Der Gedanke, dass sie sich darauf freuen könnte, uns zu verlassen, fühlt sich ... unmöglich an. Ich verdränge auch dieses Gefühl und konzentriere mich auf meinen Punkt.

»Wie oft soll ich dir noch sagen, dass ich Indonesierin bin«, sage ich. »Ich will in Indonesien bleiben.«

»Du bist auch halb Kanadierin, vergiss das nicht«, sagt sie.

»Aber was soll das heißen, *halb*? Mein halbes Hirn? Mein halbes Herz? Mein halber Körper? Was, wenn ich mich nie *halb* kanadisch fühle? Was, wenn das nie der Fall sein wird, selbst wenn ich jahrelang dort gelebt habe? Was, wenn ich mich immer als ganze Indonesierin fühle?«

»Auf diese Fragen gibt es keine Antworten, Malia. Die Antworten, nach denen du suchst, kannst nur du allein finden. Dabei kann dir niemand helfen.« Mom seufzt. »Hör mal, ich weiß, es ist schwer. Ich weiß, dass du deinen Dad vermisst. Das tue ich auch.«

Für einen schrecklichen Moment befürchte ich, dass

sie anfangen könnte zu weinen. Innerlich schimpfe ich mich aus, weil ich sie zurück in die verbotene Zone gedrängt habe. Uns geht es inzwischen so viel besser. In meinem Kopf tauchen Bilder von Mom auf. Ihr stummer Schmerz, nachdem Papa gestorben war, wie sie nicht mehr in der Lage war, zu essen oder zu schlafen. Von den zahllosen Tagen, dann Monaten, in denen sie ihr Zimmer nicht verlassen hat. Endlose Tränen. Und dann, wie sie sich langsam, ganz langsam und mühevoll zurückgearbeitet hat. Zurück ins Leben – für mich.

»Aber im Augenblick«, fährt sie fort und sammelt sich zu meiner großen Erleichterung wieder, »wirst du mich nicht von dieser Petition ablenken.«

Ich schwinge meine Beine aus dem Bett. »Ich ziehe mich an«, sage ich zu ihr. »Ich bringe das wieder in Ordnung, ich verspreche es.«

GINGER JUICE

Langsamer-Lori-Junge spricht, aber ich will Menschenworte nicht mehr lernen.

Vor langer Zeit wollte ich, weil Menschen mir vielleicht Dinge beibringen. Mir Dinge beibringen, wie du
sie mir beibringst, *Ibu*. Zum Beispiel, welches Schilf-
rohr ich am besten kaue, damit die Zähne stark werden, und welches Blatt am besten Regenwasser ab-
hält.

Ich kenne Menschenwort für diesen Ort, der mich
gefangen hält. Sie sagen *Käfig*. Und die starken Stöcke,
die mich nicht rauslassen, nennen sie *Gitterstäbe*. Ich
lerne *Nein*, ich lerne *schlecht*.

Ich lerne *gut* und *sanft*.

Aber Menschenworte nützen mir nichts.

Menschen versuchen nicht, Affensprache zu verstehen. Ich kann sie nicht dazu bringen, mich zu verstehen. Sie sehen nicht, wenn ich versuche, ihnen meinen Namen zu zeigen. Den du mir gegeben hast. Und

ich kann Menschen nicht erklären, wie sehr ich nach Hause will. Zurück zu dir, *Ibu*.

Aber sanfte Menschenberührung tröstet mich. Warmes Gefühl in mir drin überrascht mich. Lange, lange her, dass ich warmes Gefühl gespürt habe. Warmes Gefühl bringt noch mehr Erinnerungen an Vorher-Leben mit, als ich nicht im Käfig war. Nicht hier, an diesem Ort, wo ich mich nicht strecken kann oder klettern oder laufen.

Aber ich freue mich, dass Langsamer-Lori-Junge keine Angst mehr hat. Ich habe versucht, ihm mit Augen zu sagen, dass er keine Angst haben muss. Ich weiß, wie Angst sich anfühlt.

Nach dem Feuer bleibt nur ein kleines Stück Wald. Wir wissen nicht, wo Gibbons, Makaken oder andere Menschenaffen sind. Du singst über dem Baumdach. Vor dem Feuer haben andere Affen für uns gesungen. Jetzt nicht mehr.

Nach dem Feuer kein Affe antwortet auf deine Lieder, *Ibu*.

Es gibt nicht genug zu essen in unserem kleinen Stück Wald, darum gehst du zu gefährlichem Ort, Essen suchen. So nennst du es.

Gefährlicher Ort, wo ich hingehe, du musst hierbleiben. Bleib im Nest, bis ich zurück bin.

Ich habe Angst, wenn du mich allein im Nest lässt.

Ich habe Angst, Donnerbiest kommt zurück und haut

das Baumnest um. Oder Feuermonster kommt zurück und verbrennt mich. Aber ich weiß, du kommst wieder, *Ibu*. Mütter kümmern sich immer um ihre Babys. Das ist unsere Art. Das ist Affenart.

Also bleibe ich im Nest und warte. Es gibt keine Waldgeräusche mehr. Kein Leben mehr in unserem kleinen Stück Wald. Sogar das sanfte *Klong, Klong, Klong* von Bambusrohr – nicht mehr da. Alles verbrannt und weg. *Bzz, bzz, bzz* von Zikaden, Heuschrecken und Grillen ist das einzige Lied, also summe ich Insektenmusik mit.

Wenn du wiederkommst, bringst du nicht viel mit, obwohl du lange, lange weg warst. Eine Banane, vielleicht zwei, und seltsame Stöcke zum Essen in leuchtenden Farben. Die Schale lässt sich nicht kauen. Seltsame Stöcke sind innen sehr salzig. Sehr, sehr klebrig und so süüüüüß, süß, süß. Ich liebe süß.

Aber seltsame Stöcke zum Essen machen unseren Bauch nicht voll, sondern machen uns durstig. In Vorher-Leben trinken wir Saft von verschiedenen Früchten und Regen, der sich in großen Blättern sammelt. Aber jetzt nicht mehr.

Jetzt, wir sind schwach vor Hunger und Durst. Du schaust dich oft um, suchst nach sicherem Ort und Essen, aber du findest nur verbrannte Erde um unsere Bäume herum.

Als du weißt, wir können so nicht überleben, nimmst du mich mit zu gefährlichem Ort. *Du musst lernen, Essen zu holen von diesem Ort*, erklärst du mir. *Wir haben kein Essen mehr. Du musst lernen, wie du es anstellst.*

Zuerst ich bin glücklich, weil ich nicht mehr alleine lange, lange im Nest warten muss, wenn du auf Futtersuche gehst. Du bist jetzt nervös und wachsam. Du spielst nicht mehr mit mir und du lachst und lächelst nicht wie sonst. Wenn ich mich an dich kuschele, ist dein Körper dünn, deine Haut lose.

Ich lerne, verspreche ich. *Ich bin mutig, genau wie du*, Ibu, sage ich zu dir.

Wir gehen zu gefährlichem Ort, ich klammere mich an deinen Rücken und recke mein Kinn. Ich will dich stolz machen.

Früh am Morgen klettern wir runter aus Baumkronen, bis ganz nach unten auf den Boden!

Baumaffen setzen nie Füße auf Boden. Auf Boden sein macht uns Angst, weil wir dort nicht sicher sind. In Sicherheit sind wir in Baumkronen.

Ich spüre dein Herz schneller und schneller schlagen, als wir über Waldboden laufen, und mein Herz folgt wie leiserer Trommelschlag. Wir verlassen den Schutz vom Wald. Kühler Schatten von Blättern macht Platz dem verbrannten Boden von Feuer. Schwarz. Kohle. Asche.

Von oben auf deinem Rücken sehe ich toten Boden. Kein Leben mehr. Kein Wald mehr. Keine Vögel mehr, keine Schmetterlinge, Echsen, Käfer, Affen. Keine Affen mehr.

Wir laufen lange in sengender Sonne. Ich bin die Hitze von Sonne nicht gewohnt.

Wir kommen jetzt zu gefährlichem Ort, sagst du. *Nicht loslassen.*

Ich klammere mich fester an dich, vergesse meinen Mut.

Während du mit mir gefährlichen Ort betrittst, sehe ich als erstes *Essen*! Du bringst uns zu großem Menschenfutterplatz. Viele, viele Früchte, Durians, Papayas, Rambutans und Bananen. Mein Magen knurrt, will Früchte.

Wir müssen jetzt schnell sein, sagst du. *Bevor Mensch uns fängt.* Ibu *nimmt, was sie tragen kann, und wir gehen zurück in den Wald.* Du schnappst eine Handvoll Früchte. Ich will auch ein paar schnappen, aber du sagst zu mir: *Halt dich fest!* Also halte ich mich mit beiden Armen so fest, wie ich kann!

Da sehe ich Mensch zum ersten Mal. Affe ohne Haare. Affe läuft aufrecht und hat seltsame Hautfarbe statt Haare. Er rennt auf uns zu, schwenkt großen Stock und brüllt in Sprache, die wir nicht verstehen. Aber ich und du, wir verstehen die Bedeutung gut genug.

Weg, weg, weg oder ich tu euch weh!

ARI

Ich bin fest entschlossen, Onkel meine Bitte nachdrücklich und selbstbewusst vorzutragen, aber mein erster Versuch wird schnell abgewimmelt. Ich spreche ihn an, als er vom Essen zurückkommt und die Tische für das abendliche Dominospiel aufstellt. *Dangdut*-Musik knistert aus dem Transistorradio.

»Ein was?«, fragt er. »Für wen?«

»Ein großes Gehege!«, wiederhole ich und wedele mit den Händen, um die Größe anzuzeigen. »Für Ginger Juice, damit sie rollen, spielen und klettern kann, so wie früher.«

Onkel schnaubt. »Warum? Sie ist jetzt erwachsen und braucht das nicht. Und wer soll das bezahlen?«

»Es wäre eine Investition ...« Ich stocke, dann fallen mir meine Argumente wieder ein. »Vor deinen Kunden würdest du als sehr großzügig und erfolgreich gelten.« Onkels Brustkorb schwillt kurz an, bevor er die Idee beiseitewischt.

»Zu teuer«, sagt er. »Sie ist kein Baby mehr. Sie muss nicht spielen.«

»Aber denk doch an ihr Wohl«, flehe ich. »Nicht nur Baby-Orang-Utans brauchen etwas, um sich zu beschäftigen.«

»Genug mit diesem Gerede«, sagt er verärgert. »Ich will nichts mehr davon hören. Ihr Käfig reicht. Halte ihn einfach sauber, so wie ich es dir aufgetragen habe.« Er wirft einen kurzen Blick auf Ginger Juice. »Sie muss nur gefüttert und sauber gehalten werden – mehr braucht sie nicht.«

»Aber, aber ...«

Onkels finsterer Blick hält mich davon ab, ihn mit weiteren Argumenten zu bedrängen.

»Musst du dich heute nicht auch noch um die Buchhaltung kümmern?«, fragt er. »Strapaziere meine Geduld nicht länger, Junge.« Er packt einen der Tische und gibt mir zu verstehen, dass ich am anderen Ende mit anpacken soll. »Hier. Hilf mir, die Tische aufzubauen, und dann geh und mach die Buchhaltung.«

Natürlich gehorche ich ihm. Ich schnaufe und keuche vor mich hin, weil Ginger Juice so ungerecht behandelt wird, aber Onkel schreibt das wahrscheinlich dem Umstellen der Möbel zu.

Nachdem wir die Tische zusammengeschoben haben und bevor ich mich um die Konten kümmere, gehe ich noch einmal zu Ginger Juice, um mit ihr zu reden.

Jetzt, wo ich mit ihr ins Gespräch gekommen bin, finde ich es nur fair, ihr zu berichten, wie es ausgegangen ist.

Vielleicht will ich aber auch nur noch mal fühlen, wie ihre riesige warme Hand meine umschließt.

Eine Gruppe kleiner Kinder hat sich um ihren Käfig geschart und bewirft sie mit Erdnüssen. Es sind Kinder aus der Nachbarschaft.

»Hey, hört auf damit!«, brülle ich. Die kichernden Kinder beachten mich nicht und bewerfen Ginger Juice weiter mit Erdnüssen. Sie liegt, vom Restaurant abgewandt, auf dem Bauch und ihr Kopf ruht auf ihren verschränkten Armen. Obwohl sie mit Erdnüssen bombardiert wird, rührt sie sich nicht.

»Wir wollen sie aufwecken!«, sagt eines der Kinder. »Sie ist so faul.«

»Sie ist nicht faul«, sage ich und schnappe mir die Erdnusstüte, damit sie damit aufhören. »Sie ist nur ...« *Tja, was ist sie?*, frage ich mich. »... sie schläft nur«, sage ich schließlich.

»Sie schläft immer«, quengeln die Kinder. »Wir wollen, dass sie mit uns spielt.«

»Geht nach Hause«, sage ich und werfe ihnen die Erdnusstüte zu. »Sie will jetzt nicht spielen. Sie ist nicht hier, damit ihr mit ihr spielen könnt, wann immer es euch passt.«

»Warum ist sie dann hier?«, fragt ein Kind und wirft eine letzte Erdnuss.

»Geht nach Hause!«, brülle ich. »Und kommt nicht wieder.«

Endlich gehen die Kinder auseinander, eines von ihnen dreht sich um und schneidet eine Grimasse in meine Richtung, bevor sie alle das Weite suchen.

MALIA

Mom sieht über meine Schulter, während ich mich auf der Klassenwebsite einlogge. Ich will das Formular für die Petition wieder herunternehmen, aber das ist gar nicht nötig, weil die Schule es bereits gelöscht hat. Allerdings waren da schon über zweihundert E-Mails an die offizielle Adresse der Regierungsbehörde verschickt worden.

»Das ist der Grund, warum die Schule so reagiert, wie sie reagiert«, sagt Moms Freund Hadi. »Die Kommunalverwaltung wird euren Direktor wissen lassen, dass diese Art von Anti-Palmöl-Propaganda *Konsequenzen* haben wird.« Hadi ist einer von Moms Kollegen an der Universität, an der sie arbeitet. Er ist auf Regierungs- und Verwaltungssysteme spezialisiert, darum hat Mom ihn um Hilfe gebeten.

»Ich habe einen Doktor in Bürokratie«, sagt er und lächelt mich freundlich an.

Bei dem Wort *Konsequenzen* zieht sich mir der Magen

zusammen. »Welche Art von Konsequenzen?«, frage ich zögernd.

»Hmm.« Hadi denkt einen Moment nach. »Ohne öffentliche Entschuldigung seitens der Schule werden sie ihm wahrscheinlich damit drohen, ihm die Lizenz zu entziehen. Deine Schule ist eine Privatschule und braucht daher eine gültige Lizenz. Die Regierung toleriert keine Medien, die nicht auf einer Linie mit ihrer Pro-Palmöl-Propaganda liegen. Palmöl ist ein sechzig Milliarden Dollar schwerer Industriezweig. Darum sind Anti-Palmöl-Produkte in den Supermärkten nicht erlaubt. Allein ein Produkt als palmölfrei zu kennzeichnen, legt gleichzeitig nahe, dass Palmöl schlecht ist.«

»Aber es *ist* schlecht«, sage ich und werfe meine Hände in die Luft.

»Na ja, das kommt ganz darauf an, wer du bist«, sagt Hadi. »Palmöl ist in der Tat schlecht, wenn du ein Orang-Utan bist oder irgendein anderes Tier, das in den Regenwäldern lebt, die zerstört werden, um Palmölplantagen anzupflanzen. Aber es ist nicht schlecht, wenn du mit einem milliardenschweren Exportprodukt handeln willst.«

»Das ist nicht fair«, sage ich.

»Was nicht fair ist«, sagt Mom spitz, »ist, dass Mrs. Harwono vielleicht ihren Job verliert.«

»Sind dir die Orang-Utans egal?«, frage ich sie.

»Nein, das sind sie nicht, aber jetzt im Moment sorge

ich mich vor allem um Mrs. Harwono. Wenn sie deswegen ihre Stelle verliert, wird die Schule ihr wahrscheinlich kein Zeugnis ausstellen, und ohne ein gutes Zeugnis wird sie womöglich keinen anderen Job mehr finden. Mrs. Harwono muss ihren Mann und ihre Kinder versorgen.«

Grimmig erinnere ich mich daran, dass Mrs. Harwonos Ehemann letztes Jahr einen Autounfall hatte und wegen eines Schädel-Hirn-Traumas bisher noch nicht wieder arbeiten gehen konnte. Wir versuchen schon den ganzen Tag, Mrs. Harwono ans Telefon zu kriegen, aber sie geht nicht dran. Ich habe mich noch nicht bei ihr entschuldigen oder herausfinden können, was ich tun kann, damit sie ihre Stelle behält.

Hadi unterbricht das angespannte Schweigen. »Ich vermute, dass man deine Schule auffordern wird, sich öffentlich zu entschuldigen, und die Stellungnahme wird verkünden, dass die beteiligten Schüler und Lehrer zur Verantwortung gezogen wurden. Im besten Fall reicht dein Schulverweis als Strafmaßnahme seitens der Schule aus.

Es geht vor allem um die öffentliche Wahrnehmung. Die Regierung hat nur ein Interesse daran, dass ihre Propaganda öffentlich befürwortet und aufrechterhalten wird. Wenn deine Schule ihren Wünschen entspricht, wird sich das Ganze sehr schnell in Luft auflösen. Es ist ein Sturm im Wasserglas.«

»Und wenn sie nicht kooperiert?«, frage ich.

»Oh, das kann ich mir nicht vorstellen«, antwortet Hadi. »Jede Organisation oder Einzelperson, die sich gegen den ausdrücklichen Wunsch der Regierung stellt, hat es schwer.«

»Was, wenn ich eine Entschuldigung an die Schule schreibe und erkläre, dass Mrs. Harwono nichts mit der Petition zu tun hat? Würde das helfen?«

»Das könnte hilfreich sein, aber sie wollen bestimmt eine Erklärung, in der du eingestehst, dass deine Petition falsch war. Im Wesentlichen werden sie wollen, dass du jetzt verstehst, dass Produkte mit Palmöl nicht schlecht sind und »Palmölfrei«-Etiketten daher falsch.« Hadi fixiert mich. »Bist du dazu bereit?«

Noch bevor ich antworten kann, klingelt mein Telefon. Es ist Putu und sie weint. Die Schule hat sich bei ihren Eltern gemeldet und sie sind auf dem Weg aus Bali zurück nach Hause. Der Direktor, Mr. Ahmad, hat sie zu sich ins Büro bestellt, um zu klären, welchen Anteil sie an der Petition hatte.

»Du hast mir doch versprochen, dass du nichts Verbotenes tust«, schluchzt sie. »Du hast gesagt, es gibt ein Schlupfloch!«

Mir bricht es das Herz, dass Putu meinen Worten immer vertraut. Ich weiß, dass allein die Vorstellung, mit Mr. Ahmad reden zu müssen, sie in Angst und Schrecken versetzt.

»Du hast nichts falsch gemacht«, sage ich und versuche sie zu beruhigen. »Mach dir keine Sorgen. Sag ihm einfach, dass du nichts damit zu tun hast.«

»Aber er wird mich fragen, ob ich davon wusste«, sagt sie. »Du weißt, dass ich nicht lügen kann.«

Mir fallen wieder die Nachrichten ein, die wir uns über das Wochenende geschickt haben und die vielen motivierenden Emojis von Putu.

»Ich habe noch nie Ärger bekommen«, sagt sie leise. »Und wir mussten abreisen, noch bevor die Einäscherungszeremonien vorbei waren. Meine Eltern sind total sauer.«

»Es tut mir leid«, ist alles, was mir dazu einfällt. »Es tut mir so leid.«

ARI

Meine – wenige – freie Zeit wird komplett von den Vorbereitungen für das anstehende Schachturnier in Anspruch genommen.

Seit ich Onkel von meinem Sieg, mit dem ich mich qualifiziert habe, erzählt habe, ist er erstaunlich hilfsbereit und unterstützt mich. Er hat mir sogar ein Schachbrett und ein Strategiebuch gekauft. Er stellt mich seinen Dominofreunden jetzt als »mein Neffe, der Schachmeister« vor. Seine Armeekumpels sehen mich nun in einem neuen Licht und geben mir ständig kryptische Ratschläge. Aber aus keinem davon werde ich so richtig schlau: »*Beim Schach kontrolliert derjenige das Spiel, der zum Selbstmord bereit ist.*« Oder: »*Türme müssen der Königin gehorchen.*« Ich bedanke mich jedes Mal überschwänglich bei ihnen.

Es ist ein angenehmes Gefühl, Onkels Wohlwollen zu spüren, so habe ich mich schon sehr lange nicht mehr gefühlt. Vielleicht liegt es daran, dass wir jetzt ein gemeinsames Hobby teilen. Auch wenn Domino ein völlig anderes Spiel ist, sind wir irgendwie zu Kameraden geworden.

Ich habe ihm nichts von dem Preisgeld erzählt.

Jetzt, wo ich mein eigenes Schachbrett habe, schleife ich nach dem Mittagessensansturm einen Tisch und einen Stuhl aus dem Restaurant zu Ginger Juices Käfig, um dort Schachzüge zu üben und mit ihr verschiedene Taktiken durchzusprechen. Sie ist geduldig und betrachtet das Brett und die Schachfiguren mit einer Art beiläufigem Interesse, während sie mit dem endlosen Kratzen und der Inspektion ihres Fells fortfährt. Manchmal sehe ich, wie ihre Augen den Figuren folgen. Und manchmal scheint sie zustimmend zu nicken oder warnend den Kopf zu schütteln. Ihre Anwesenheit lässt meine Gedanken zur Ruhe kommen, und häufig greife ich durch die Gitterstäbe, um ihre Hand zu halten oder ihren Fuß zu streicheln, während ich meine Züge austüftele.

Onkel und ich haben nicht noch einmal über eine Verbesserung ihres Geheges geredet. Ich warte auf die richtige Gelegenheit, um es wieder anzusprechen.

Faisel und ich treffen uns immer noch im *Warung Kopi*, um zu spielen und uns über Schachstrategien auszutauschen. Allerdings zahle ich in stiller Übereinkunft nicht mehr für seinen Kaffee und seine Snacks. Wir befinden uns jetzt auf Augenhöhe.

Das Halbfinale findet in zwei Wochen statt und das Finale eine Woche später. Ich werde bereit sein.

Gestern ist ein Brief von Suni eingetroffen. Ich habe mich so gefreut, ihre vertraute saubere Handschrift auf dem dünnen blauen Papier zu sehen, das wir extra fürs Briefeschreiben zu Hause aufbewahren. Ich wollte ihn unbedingt lesen. Schon als ich ihren Namen hinten auf dem Brief entdeckt habe, musste ich lächeln. Aber nachdem ich ihn gelesen hatte, blieb ich mit dem vertrauten Schuldgefühl zurück, das an mir nagt wie eine Ratte, die an einem Hühnerknochen knabbert.

Lieber Ari,

eine der Enten ist wieder verschwunden. Ich musste daran denken, wie wir uns immer Geschichten ausgedacht haben, was die verschwundenen Enten wohl anstellen, wenn sie weglaufen - Tee mit der königlichen Vogelgesellschaft trinken oder ein Flug in die Stadt, um sich einen neuen Sarong zu kaufen. Enten haben ein eigenes Leben.

Wie geht es dir, Cousin? Ich weiß, es ist egoistisch von mir, wenn ich mir wünsche, dass du uns mal besuchen kommst. Ich weiß, du hast viel zu tun. Du musst für die Schule lernen und Onkel helfen. Aber jeden Tag hoffe ich aufs Neue, dass du unseren Feldweg hinaufgehst und die Ochsenglocke über der Haustür läutest, um anzukündigen, dass du zu Hause bist. Hier hat sich das Leben nicht verändert. Abgesehen von dem üblichen Gerede unserer Nachbarn, die Land für noch mehr Reisfelder roden wollen. Die Nachbarn haben unsere Väter gebeten, unsere geringen Ersparnisse in ihre nächste Reisernte zu investieren. Sie sagen, dass es eine gute Investition sein wird. Aber woher wissen wir, dass die Nachbarn sich nicht wie die reichen Landbesitzer verhalten werden? Wenn man kaum Land besitzt, so wie wir, hat man nur wenig Sicherheit.

Unsere Väter haben viele Abende mit den Nachbarn auf der Veranda verbracht, um dieses Thema zu besprechen. Ich sitze mit meiner und deiner Mutter bei offener Tür im Wohnzimmer, damit wir die Diskussion mitverfolgen können. Ich bin mir sicher, dass diese Neuigkeiten Onkel schon bald zu Ohren kommen werden, weil sie auch seine Dollars brauchen werden, um zu investieren.

Was hältst du davon? Bringen sie euch in der Schule etwas über Ernteerträge und Landwirtschaft bei? Unsere Mütter schütteln den Kopf, wenn es darum geht, noch mehr Wald abzuholzen. Sie sagen, es wird die Qualität des Wassers beeinträchtigen, das auf unsere Reisfelder fließt. Wie üblich sagen die Männer, dass es ihre Entscheidung sei.

Ganz egoistisch hoffe ich, dass unsere Familie mehr Geld mit dem Reisanbau verdienen wird, damit ich eines Tages zu dir an die Schule kommen kann. Es ist ein alberner Traum, ich weiß, denn selbst wenn die Väter beschließen, in die Ernte zu investieren, wird es lange dauern, bis sie Gewinne erwirtschaften. Aber trotzdem bleibt der Hoffnungsschimmer, dass unsere Familie vielleicht eine Chance hat, unsere Lage zu verbessern.

Unser Onkel erzählt, dass du jetzt ein Schach-Champion bist! Wow! Herzlichen Glückwunsch! Mich überrascht das kein bisschen. Du warst immer sehr gut, wenn wir *Congklak* zusammen gespielt haben. Ist Schach wie unser Samenspiel? Wie schlau du bist, mein Cousin, und wie stolz wir alle auf dich sind.

Am Abend laufe ich meistens ins Dorf und treffe mich mit den anderen Mädchen, um unsere allabendliche Fernsehserie zu schauen. Ich bin gerne mit meinen Freundinnen zusammen, aber die Handlungen finde ich zunehmend langweilig. Sie sind so vorhersehbar und die Frauen immer so hilflos! Meine Gedanken gehen auf Wanderschaft, genau wie die Enten. Meine Freundinnen schlagen nach mir, weil ich jedes Mal stöhne und die Augen verdrehe, wenn dramatische Musik verkündet, dass ein männlicher Darsteller gleich wieder eine Heldentat vollbringen wird, aber ich kann nicht anders. Es ist, als würden Mädchen von nichts weiter träumen als davon, von einem gutaussehenden Jungen gerettet zu werden. Ich nicht.

Deine Mutter kocht immer noch jeden Freitag dein Lieblingsgericht: Reiskuchen und Gemüse in Kokosnusssoße. Sie sagt immer, dass es nicht für dich ist, aber wir beide wissen, dass es das sehr wohl ist. Sie verrenkt sich den Hals, um den Pfad hinunterzusehen, in der Hoffnung, dass du vielleicht unter den Männern bist, die nach dem Freitagsgebet aus der Moschee zurückkommen. Ich helfe ihr, die Bananenblätter für die Reis-*Lontongs* zu wickeln, und wir kichern, weil wir so albern sind, uns vorzustellen, dass der Duft des Gerichts dich vielleicht zurück nach Hause locken könnte, aus dem fernen Malang.

Du wird dich bestimmt freuen, zu hören, dass sowohl deine als auch meine Eltern sich bester Gesundheit erfreuen, Allah sei Dank. Wir beten auch alle jeden Tag für deine Gesundheit.

Es mag etwas seltsam klingen, aber ich gestehe, dass ich neuerdings hinaus in die Reisfelder gehe, nach Einbruch der Dunkelheit, wenn alle anderen schlafen. Die Frösche quaken so laut in den Wassergräben, dass der Boden unter meinen Sandalen vibriert. Es weht eine sanfte nächtliche Brise und bringt den Duft der Tempelbäume mit sich, die am

Feldrand stehen. Ich breite einen Sarong auf der warmen Erde aus und lege mich darauf, um den Sternenhimmel über mir zu betrachten. Ein magisches Gefühl durchflutet mich, wenn ich zu den Tausenden von flackernden stecknadelkopfgroßen Lichtern hinaufschaue. Ich frage mich, was sonst noch dort draußen in diesem weiten, wundersamen Universum ist. Das ist eine große Frage für einen kleinen Menschen, aber ich glaube ganz fest daran, tief in meinem Herzen, dass ich eines Tages viele der Welträtsel erkunden und entdecken werde. Dass ich eines Tages jemand sein werde.

Cousin, ich denke oft an dich, und ich schreibe dir, weil ich weiß, dass du der Einzige bist, der meine versponnenen Ideen versteht. Vielleicht, weil wir als kleine Kinder viele davon geteilt haben. Ich hoffe, du bist frohen Mutes und wirst uns bald zu Hause besuchen. Richte Onkel meine respektvollsten Grüße aus. Vergiss nicht, deine Schulbücher mitzubringen, wenn du nach Hause kommst. Ich werde sie während deines ersehnten Besuches im Schnelldurchlauf lesen!

Deine Cousine
Suni

GINGER JUICE

Ich schaue Ameisen gerne zu. Ameisen marschieren in langer, langer Reihe, hoch und runter, rein und raus. Ameisen essen gerne Obst aus meinem Käfig. In Vorher-Leben im Dschungel, wir essen Baumameisen. Es ist gut, Ameisen in Käfig zu haben. Mit ihnen bin ich nicht so allein. Darum esse ich Käfig-Ameisen nicht.

Aber manchmal vergesse ich das. Schmecken salzig.

Langsamer-Lori-Junge verbringt jetzt mehr Zeit in meiner Nähe. Hat seinen Angst-Geruch verloren.

Er bringt Spielzeug mit und plappert Menschenworte. Ich versuche nicht zu verstehen. Er teilt sein Spielzeug nicht mit mir, aber ich schaue gerne Muster und Farben an. Am liebsten habe ich, wenn Langsamer-Lori-Junge meine Hand hält und ich glatte Haut und Herzschlag von anderem Lebewesen spüre.

Es hält Nebelschleier fern.

Langsamer-Lori-Junge hat vor langer, langer Zeit mit mir gespielt. Als ich klein war. Kleiner weiblicher

Mensch auch, hat mich gern herumgetragen. Für kurze Zeit habe ich mich wohlgefühlt mit ihnen. Hat die Lücke gefüllt, wenn ich dich vermisste, *Ibu*. Aber nicht lange.

Dieses Erinnern im Kopf schwebt und flattert wie Schmetterlinge am Käfig vorbei.

Nachdem du mich zum ersten Mal an Menschenort gebracht hast, an gefährlichen Ort, gehen wir noch viele Male hin. Jedes Mal warten wir, bis der Hunger ist wie ein wütendes Wespennest in unseren Bäuchen. Dann müssen wir die sicheren Baumkronen verlassen und immer öfter zu Menschen gehen, um ihr Essen zu holen.

Wir können nirgends hin und finden sonst nichts zu essen.

Du bist jetzt kleiner, *Ibu*. Nicht mehr stark. Kannst mich nicht mit Milch füttern, wie Affenmütter sie ihren Babys geben. Ich esse schon andere Sachen, aber ich will immer noch diese Milch.

Als keine Milch mehr kommt, helfe ich dir, Essen am Menschenort zu stibitzen. Ich klettere von deinem Rücken und schnappe mir etwas vom Obsthaufen und renne, so schnell ich kann, zu dir zurück.

Du warnst mich immer, nicht zu weit wegzugehen. Aber als es passiert, gehe ich zu weit.

Ich sehe *große* Papaya, so groß, sie reicht uns für viele Tage. Ich mache mich los von dir, will große Frucht holen, damit sie dich wieder stark macht. Aber als ich versuche, sie hochzuheben, geht es nicht. Papaya ist zu schwer für kleinen Affen.

Du rufst mich zurück. Du kreischst eine Warnung.

Ich sehe, wie du dich auf zwei Beine stellst, nach mir schaust. Du hältst Bananen in der Hand, streckst andere Hand nach mir aus. Du schreist. *Lauf schnell, schnell, schnell!* Furcht in deinem Schrei macht mir Angst. Ich muss rennen schnell, schnell, zurück zu dir.

Fast da, als ich höre lautes PENG, PENG, PENG. Du bleibst stehen. Ein, zwei, drei Herzschläge stehst du, rührst dich nicht, Bananen immer noch in Hand. Schwankst, schwankst. Bananen fallen. Dann fällst du. In den Staub fällst du.

Ich springe auf dich, schreie. *Steh auf, steh auf!* Sehe Mensch mit langem Stock rennen, näher und näher. Der Stock macht noch mehr laute PENG-PENG-PENG-Geräusche.

Mensch schreit, wedelt mit den Armen, aber ich verlasse dich nicht, *Ibu.* Ich ziehe mit aller Kraft an deinem Armen, du bewegst dich nicht. *Ibu* steht nicht auf. Du liegst ganz still. Wie tiefer, tiefer Schlaf.

Ich lasse dich nicht los, auch nicht, als Menschenhände versuchen, mich wegzuziehen. Klammere mich an dich, so lange wie kleine Arme können. Ich beiße und kratze Hände, die mich von dir nehmen wollen, aber Menschen ziehen mich weg.

Sie sperren mich ein. Dunkel. Ich habe große Angst.
Ich weine und weine.

Warum haben sie mich von dir weggenommen, *Ibu*?
Wo bist du? Wann kommst du mich holen?

MALIA

Alles, was Moms Freund Hadi vorausgesagt hat, stimmte genau. Am zweiten Tag meines dreitätigen Schulverweises bittet der Direktor Mom und mich zu einem Gespräch, um über die »betrübliche Situation« zu reden.

Als wir durch die Schulflure gehen, starren uns die Kinder offen an. Das ist zwar nicht ganz ungewöhnlich, die meisten drehen sich nach Mom um, weil sie groß und blond ist, aber ich weiß, dass die Neugier diesmal mehr mir als ihr gilt. Eine suspendierte Schülerin durch den Flur laufen zu sehen, ist, als würde man ein unartiges Gespenst sehen.

Als wir im Rektoratsgebäude ankommen, schickt man uns in sein Büro.

»Setzen Sie sich bitte«, sagt Mr. Ahmad auf Englisch zu Mom und zeigt auf zwei Stühle vor seinem Schreibtisch. Er meidet den Blickkontakt mit mir.

Mom antwortet höflich auf Englisch. »Danke für Ihre Gesprächsbereitschaft.«

Sie ist diesen Sprachentanz gewohnt. Mom sagt, dass es als Beleidigung aufgefasst werden könnte, wenn sie die englische Begrüßung von jemandem missachtet, auch wenn es wahrscheinlich einfacher wäre, sich auf Bahasa zu unterhalten. Oft möchten die Menschen Ausländern zeigen, dass sie fließend Englisch sprechen. Und unter den gegebenen Umständen wollen wir den Direktor auf gar keinen Fall vor den Kopf stoßen.

»Selbstverständlich«, sagt er. »Zunächst möchte ich Ihnen sagen, dass ich den Schulverweis Ihrer Tochter sehr bedauere. Er war jedoch nötig, damit wir uns auf eine Vorgehensweise verständigen konnten.« Er macht eine Pause. »Ich hoffe, Sie verstehen auch, dass das eine sehr schwierige Situation für die Schule ist.« Gequält verzieht er das Gesicht – als hätte er in eine Zitrone gebissen.

»Wir sind vor allem wegen Mrs. Harwono besorgt«, sagt Mom. »Sie trägt keinerlei Schuld an der Situation.«

»Ja, ja«, pflichtet Mr. Ahmad ihr bei, teilt uns aber nichts weiter zu Mrs. Harwono mit.

»Sehen Sie«, fährt er fort, »wir haben Freunde in der örtlichen Landwirtschaftsbehörde, die uns erklärt haben, dass Malia über die ›Palmölfrei‹-Etiketten falsch informiert ist. Sie haben uns darauf hingewiesen, dass unsere Schule versäumt hat, unsere Schüler angemessen über die Bedeutung unserer Agrarindustrie und wie diese unser Land unterstützt, aufzuklären.«

Er beugt sich vor. »Vor allem die *nachhaltige* Palm-ölindustrie ist die Lebensgrundlage vieler Bauern und sorgt für den wirtschaftlichen Wohlstand in Indonesien. Wir sind stolz auf dieses Wachstum in unserem Land.«

»Es ist auch mein Land«, sage ich auf Bahasa. Mom drückt fest meine Hand. Sehr fest.

»Wir möchten unsere Schüler bei diesem Thema nicht verwirren. Die Regierung unterstützt nachhaltiges Palmöl. Es mag stimmen, dass *unkontrollierte* Palm-ölplantagen in der Vergangenheit Schaden angerichtet haben, aber unsere Verantwortlichen tun alles, was in ihrer Macht steht, um eine sichere und nachhaltige Industrie zu gewährleisten.« Er räuspert sich. »Ein weiteres Missverständnis ist das Thema der Kennzeichnung. Bei den Etiketten geht es einfach nur darum, dass die Regierung einheimische Produkte statt ausländischer Ware unterstützen möchte. Darum wurden die fraglichen Produkte aus den Supermarktregalen genommen.«

Mom drückt immer noch meine Hand. Nur das hält mich davon ab, ihm geradewegs ins Gesicht zu sagen, dass er nicht die Wahrheit sagt. Es ist nicht wahr und es ist unfair. Stattdessen schweigen wir beide.

»Es ist natürlich trotzdem großartig, dass Malia ein aktives Interesse an der Umwelt zeigt«, fährt Mr. Ahmad fort. »An unserer Schule gibt es Umwelt-AGs, die ihre

Teilnahme zu schätzen wüssten. In Indonesien haben wir viele Organisationen, die sich um das Wohlergehen bedrohter Tierarten und deren Schutz kümmern.«

»Wie geht es jetzt weiter?«, fragt Mom, die es endlich schafft, auch zu Wort zu kommen.

»Ach, ganz einfach«, sagt er und lächelt jetzt. »Wir haben ein Entschuldigungsschreiben an die Regierungsbehörde verfasst, an die Malia ihre Petition gerichtet hat.« Er zieht ein Blatt Papier aus seiner Schreibtischschublade und schiebt es zu Mom herüber. Er hat meine Anwesenheit im Raum immer noch nicht zur Kenntnis genommen. »Malia muss den Brief nur noch unterschreiben, dann kann sie wieder wie gewohnt zur Schule gehen. Tatsächlich hat Malia uns eine wertvolle Lehrmöglichkeit eröffnet.« Endlich wendet er sich an mich. »Du hast uns auf eine Lücke in unserem Lehrplan aufmerksam gemacht, die wir nun schließen können.«

Mir wird übel. Meine Petition wird dazu führen, dass den Schülern etwas beigebracht wird, das nicht wirklich der Wahrheit entspricht. Genau wie Hadi es prophezeit hat, wird man ihnen Palmölpropaganda eintrichtern.

Schweigend liest Mom das Entschuldigungsschreiben. Nach einer Weile blickt sie wieder auf. »Malia und ich werden es mit nach Hause nehmen und besprechen, welche Folgen es haben wird, wenn sie unterschreibt«, sagt sie und nimmt ihre Handtasche. »Danke, dass Sie sich Zeit genommen haben.«

Das Lächeln des Direktors erstirbt. »Verstehe, natürlich. Lassen Sie sich gerne Zeit.« Seine Haltung ist plötzlich steif. »Ich muss Sie allerdings darüber informieren, dass Malia erst zurückkommen darf, wenn diese Entschuldigung unterschrieben ist.« Er lehnt sich auf seinem Stuhl zurück. »Und ich weiß, dass auch Mrs. Harwono gerne möglichst bald an ihren Arbeitsplatz zurückkehren möchte.«

»Es ist doch sicherlich Mrs. Harwonos eigene Entscheidung, ob sie diesen Entschuldigungsbrief unterschreibt, und nicht Malias«, sagt Mom bereits im Stehen.

»O ja, Mrs. Harwono hat ihn schon unterschrieben«, sagt er. »Aber er ist bedeutungslos, wenn sich nicht beide – Lehrerin *und* Schülerin – entschuldigen. Die Anweisung der örtlichen Landwirtschaftsbehörde war sehr deutlich. Ohne Malias Unterschrift und ihr Eingeständnis, einen Fehler gemacht zu haben, wird es für die Schule schwierig, die Rückkehr von Mrs. Harwono in den Unterricht zu unterstützen. Zurzeit geht man davon aus, dass Mrs. Harwono die Verantwortung für die Falschinformation Ihrer Tochter trägt.«

»Wir wissen beide, dass das nicht stimmt. Wir wissen beide, dass Mrs. Harwono eine ausgezeichnete Lehrerin ist und nichts mit der Petition oder überhaupt mit dem Thema zu tun hat«, sagt Mom zu dem Direktor, der nun auch aufgestanden ist. »Es war eine eigenverantwortliche Aufgabe der Schülerinnen und Schüler«, fährt Mom fort. »Mrs. Harwono wusste vorher nichts von der ganzen Sache.«

»Ganz genau. Mrs. Harwono ist eine wunderbare Lehrerin, wenn vielleicht auch ein wenig zu nachsichtig mit ihren Schülerinnen und Schülern. Sie hätte das Thema der Aufgabe vorher prüfen müssen«, sagt er. »In dieser Angelegenheit sind mir leider die Hände gebunden. Wir sind eine Privatschule und daher abhängig von der staatlich ausgestellten Lizenz.«

Mom und ich sehen uns an.

»Die Entschuldigung ist reine Formsache, müssen Sie wissen«, fährt Mr. Ahmad mit freundlicherer Stimme fort. »Damit Malia und Mrs. Harwono wieder zur Schule kommen dürfen, wo sie hingehören.« Er zieht ein weiteres Blatt aus seiner Schreibtischschublade. »Deine Freundin Putu hat das sofort verstanden. Auf unsere Bitte hin waren sie und ihre Familie heute Morgen sehr entgegenkommend.«

Er reicht mir das Blatt und ich entdecke Putus geschwungene Unterschrift unten auf der Seite.

»Es fehlt nur noch deine Unterschrift, Malia«, sagt er. »Wenn du nicht unterschreibst, bringst du deine Schule, deine Freundin und deine Lehrerin in eine – wie sagt man doch gleich auf Englisch? –, eine heikle Lage.«

ARI

Melonie und Samir, die sich inzwischen von ihrer Mandelentzündung erholt haben, coachen jetzt gemeinsam mit Yosef das Turnierteam. Sie sind so was wie Schachengel und scheinen überhaupt nicht sauer zu sein, dass sie nicht selbst beim Turnier antreten dürfen.

»Soll ich einer von ihnen meinen Platz anbieten?«, frage ich Faisel. »Irgendwie finde ich, das wäre richtig. Ich bin nur ein Anfänger.«

»Das geht nicht«, antwortet er. »Es verstößt gegen die Regeln, Turnierspieler nach der Qualifikationsrunde auszuwechseln. Außer ein Spieler oder eine Spielerin wird krank. Und du bist vielleicht ein Anfänger, aber du hast gerade eine Glückssträhne.« Das sagt er, nachdem ich ihn mal wieder bei einer Übungsrunde geschlagen habe. Wir sind im *Warung* Malang, wo Onkel dem Team einen Platz zum Üben angeboten hat, wenn der Ansturm nach dem Mittagessen vorbei ist. Gleich kommen noch Yosef, Melonie und Samir mit den zwei anderen Mitgliedern des Turnierteams. Elvis Presley wippt auf seiner Stange auf und ab, singt »You ain't nothin' but a hound dog«, und Ginger Juice liegt auf dem Rücken, hat sich die Arme über den Kopf gelegt und hält sich mit den Füßen an den Gitterstäben ihres Käfigs fest.

»Ich habe einmal einen Dokumentarfilm über Orang-Utans gesehen«, sagt Faisel und wirft zwischen zwei Zügen einen Blick zu ihrem Käfig. »Sie sind sehr intelligent. Der Dokumentarfilm hat gezeigt, wie sie knifflige Aufgaben und Rätsel lösen. Es gab dafür auch einen Begriff …« Faisel hält inne und denkt kurz nach. »Beschäftigungsspiele«, fällt ihm dann ein. »So haben die Tierpfleger es genannt. Die Spiele sind dazu gedacht, das Gehirn der Affen zu beschäftigen und anzuregen. Ich habe sogar einen von ihnen zeichnen sehen.«

»Wirklich?«, frage ich mit gewecktem Interesse.

»Vielleicht kann sie mit dir Schach spielen.« Faisel kichert, während er die Figuren für die nächste Runde aufstellt.

»Wahrscheinlich würde sie gewinnen«, sage ich und nehme mir vor, ein paar Beschäftigungsspiele für sie zu finden. Vielleicht machen sie ihr in einem größeren Gehege, das ich mir immer noch für sie wünsche, Spaß.

Als die anderen eintreffen, bringen Onkel Kus und Nang uns ein Tablett mit süßem Tee.

»Damit die Schachmeister ihre Kehlen befeuchten

können!«, sagt Onkel. »Bitte, bitte, setzt euch, trinkt, entspannt«, wehrt er ab, als die anderen aufstehen wollen, um mit dem Tablett zu helfen. »Es freut mich, dass ihr hier seid.« Er verteilt die Gläser und legt dann seine Hand auf meine Schulter. »Ich bin sehr stolz auf meinen Neffen. Ihr alle dürft jederzeit zum Üben herkommen.«

Ich sehe, wie Onkel mich anstrahlt, und bin erneut erstaunt, dass er sich mir gegenüber plötzlich so gelöst und heiter verhält. Ich beschließe, dass es Dinge im Leben gibt, die man besser nicht hinterfragt, und gestatte mir, sein Lob einfach zu genießen.

Yosef und Melonie stehen vor Elvis Presleys Käfig und applaudieren ihm für seine musikalische Darbietung, während Faisel und ein anderes Teammitglied Ginger Juice eine Rambutan-Frucht aufschwatzen wollen. Sie bleibt auf dem Rücken liegen, nimmt die kleine Frucht aber zwischen ihre Zehen. Sie hält sie sich kurz über den Kopf und lässt sie dann fallen, sodass sie ihren großen Bauch herabrollt. Das wiederholt sie ein paar Mal zum großen Vergnügen der Zuschauer.

Nach dem Tee spiele ich gegen Melonie. Sie grinst, als sie ihren Eröffnungszug macht. Ihre strahlenden Augen erinnern mich an Suni. Sie trägt sogar ihren Hidschab auf eine ähnliche Art wie sie. Da wird mir klar, wie sehr ich meine Cousine vermisse. Ihr Lachen und ihre Schlagfertigkeit. Ich beobachte, wie Melonie und

Samir sich leise unterhalten, und bin mir sicher, dass sie sich schnell mit Suni anfreunden würden, wenn sie hier wäre.

»Bist du enttäuscht, dass du nicht beim Turnier antreten darfst?«, frage ich Melonie.

»Nicht besonders«, sagt sie. »Samir und ich bereiten uns auf ein internationales Turnier Ende des Jahres in Yogyakarta vor. Darauf konzentrieren wir uns jetzt. Außerdem ist es zur Abwechslung auch mal schön, zu coachen und anderen zu helfen.«

»Ein internationales Turnier?«, frage ich. »So etwas gibt es? Gegen wen spielt ihr?«

»Das Turnier wird von der Hotel-International-Kette gesponsert, in deren Hotel das Turnier auch stattfinden wird. Die meisten Spielerinnen und Spieler kommen aus anderen südasiatischen Ländern, aber manchmal kommen auch welche aus Europa. Es hängt davon ab, wer sich qualifiziert.«

»Ich wusste gar nicht, dass es solche Veranstaltungen gibt«, sage ich.

»Oh, es gibt Hunderte von Turnieren in der ganzen Welt, aber eins solltest du dir immer merken«, sagt sie und sieht zu mir auf, während sie einen Finger auf ihrer Schachfigur hält. »Egal ob es sich um ein Schulturnier oder ein internationales Turnier handelt, lass dich nie von deinem Gegner durch ein Gespräch ablenken.« Sie schiebt ihre Königin zum Schachmatt. »Nimm deine

Augen nie vom Brett. Eine nette Unterhaltung kann fatal sein.«

Ich lächele. Es macht mir nichts aus, dass ich so schnell verloren habe, denn sie hat mich gerade um zwei herrliche Wörter bereichert: *internationale Turniere*.

»Gibt es bei diesen Turnieren auch Preisgelder?«, frage ich sie.

»Natürlich«, sagt sie, »aber auch Teilnahmegebühren. Und Reisekosten. Einige der besten Schachspieler haben Sponsoren, die sie bei den Ausgaben unterstützen.«

»Hast du einen Sponsor?«, frage ich.

»Nein. Samir und ich werden von unserer Moschee unterstützt. Sie bestärken uns in unseren Erfolgen. Unsere Mütter haben mit ein paar anderen Frauen aus unserem Gebetskreis sogar Uniformen für uns genäht. Sie feuern uns immer großartig an.« Sie lacht. »Und wenn wir Geld gewinnen, spenden wir es der Moschee für ihr Gemeindeprogramm.«

»Ihr behaltet nichts von dem Geld?«

»Nein, aber wir dürfen in einem Hotel übernachten, in Restaurants essen und verschiedene Städte besuchen. Es macht echt Spaß. Bisher waren wir in Jakarta, Kalimantan und Bandung. Und wir können der Moschee Geld zukommen lassen. Es ist ein Segen.«

Ich schüttle den Kopf über die unbeschwerte und

uneigennützige Freundlichkeit dieser Mädchen. Es erinnert mich erneut an Sunis liebes Wesen. Beschämt muss ich daran denken, dass ich mich gefreut habe, als sie eine Mandelentzündung bekommen haben und krank waren. Ich packe das obendrauf auf meinen stetig wachsenden Berg an Schuldgefühlen.

Vielleicht liegt es am Adrenalinrausch eines Anfängers, der gerade eine Gewinnsträhne hat, aber die Vorstellung, Schach über Schulturniere hinaus zu spielen, hat eine elektrisierende Wirkung.

Suni hatte recht in ihrem Brief. Das Universum ist weit und wundersam.

MALIA

Ich starre auf den Entschuldigungsbrief und versuche durch schiere Willenskraft die Wörter in eine neue Anordnung zu zwingen, damit ich mich überwinden kann, ihn zu unterschreiben. Auf dem Heimweg hat Mom geschwiegen.

»Malia, ich werde dir nicht sagen, was du tun sollst«, hat sie dann verkündet, als wir in unsere Einfahrt gebogen sind. »Den Brief zu unterschreiben oder nicht zu unterschreiben, hat Konsequenzen. Konsequenzen, die sich aus deinem vorsätzlichen Handeln ergeben.« Langsam schüttelte sie den Kopf, und es war ihr anzumerken, dass sie gerne mit Papa über das, was ich getan hatte, reden würde. »Du hast alle nötigen Informationen, um darüber nachzudenken, was für Folgen das Ganze hat.« Sie legte ihre Hand auf meine. »Lass uns weiterreden, wenn du dir Gedanken gemacht hast.« Sie sah mir in die Augen. »Okay?«

»Okay«, sagte ich.

Jetzt liege ich auf meinem Bett, starre an die Decke und gehe noch mal alles in meinem Kopf durch.

Mrs. Harwono zuliebe möchte ich den Brief unterschreiben, aber wenn ich das tue, dann handele ich gegen die Wahrheit. Ich mache einen Rückzieher von meinem Aktivismus.

Wenn ich den Brief nicht unterschreibe, könnte ich der Schule verwiesen und Mrs. Harwono gefeuert werden.

Wenn ich einen Verweis bekomme und die Schule nicht mehr besuchen kann, war's das mit meinem Kampf dafür, in Indonesien bleiben zu können.

Und kann ich Mrs. Harwonos Entlassung wirklich mit meinem Gewissen vereinbaren?

Dann ist da noch Putu. Es trifft mich, dass sie den Brief so schnell unterschrieben hat. Sie hat mir nicht mal eine Nachricht geschickt oder mich angerufen, um mir von ihrem Treffen mit Mr. Ahmad zu erzählen. Ich beschließe, sie anzurufen. Ich wähle ihre Nummer, aber es geht direkt der Anrufbeantworter dran. Ich hinterlasse keine Nachricht, sondern schreibe ihr stattdessen.

Ruf mich an.

Dann werfe ich das Handy auf mein Bettende und starre weiter an die Decke. Ich rufe mir ins Gedächtnis, womit alles angefangen hat: meinen Entschluss, die Orang-Utans zu retten, die Petition gegen die Verbannung von »Palmölfrei«-Etiketten, den Protest gegen die Abholzung der Wälder und das Verschwinden der Lebensräume für die Orang-Utans. *Was würde Greta Thunberg tun?*, frage ich mich. Ich wette, sie würde nicht nachgeben, komme, was da wolle. Wie kann sich etwas ändern, wenn Aktivistinnen und Aktivisten nicht gewillt sind, schwierige Entscheidungen zu treffen? All das schwirrt mir durch den Kopf. Ich höre das *Pling*, das eine neue Nachricht ankündigt. Ich setze mich auf und nehme mein Handy in die Hand. Es ist Putu.

Ich darf dich nicht anrufen.

Im Ernst?

Ja. Meine Eltern sind sauer. Sie halten dich für einen schlechten Einfluss.

Das tut mir leid. Ich weiß von dem Entschuldigungsbrief. Der Direktor hat ihn mir gezeigt.

Hast du ihn auch unterschrieben?

Noch nicht.

> Warum?? Du könntest von der Schule
> fliegen!!

> Weil …

Ich höre auf zu schreiben und wünschte, ich könnte
einfach mit ihr telefonieren.

> Kannst du mich nicht bitte einfach
> anrufen? Ich muss mit dir reden. Kannst
> du rausgehen und mich anrufen?

Ich höre erst eine Stunde später wieder etwas von Putu.
Ich liege immer noch auf meinem Bett, muss aber ein-
geschlafen sein. Das Klingeln meines Handys weckt
mich.

»Ich bin's«, sagt sie. »Ich bin im Einkaufszentrum. Ich
habe gesagt, dass ich mich mit Susi treffe.«

»Darfst du echt nicht mehr mit mir befreundet sein?
Wegen dieser Sache?«

»Sie werden bestimmt darüber hinwegkommen«,
sagt sie. »Aber im Augenblick sind sie echt richtig
wütend. Wütend, weil wir früher von der Einäscherung
zurückkommen mussten, und wütend, weil ich ins
Büro des Direktors gerufen wurde. Die Schule kostet
sie viel Geld und in ihren Augen habe ich mich ihnen
gegenüber respektlos verhalten.«

»Es tut mir leid. Ich weiß, ich sage dir ständig, dass es mir leidtut, aber das tut es auch. Ehrlich.«

»Ich weiß. Mach dir keine Gedanken. Wenn du den blöden Brief unterschrieben hast, ist alles wieder gut.«

Ich schweige für eine Weile.

»Sag mir bitte nicht, dass du ihn nicht unterschreiben willst. Malia! Sei nicht so stur. Mr. Ahmad hat gesagt, es wird viel Ärger geben, wenn du nicht unterschreibst. Was ist mit Mrs. Harwono?«

»Ich weiß. Es ist nur ... es ist ...« Ich bringe das Wort nicht über die Lippen.

»Es ist was?« Ich kann hören, wie entnervt sie ist.

»Es ist *falsch*!«, platzt es schließlich aus mir heraus.

»Für wen?«, fragt sie. »Für die Orang-Utans? Für die Orang-Utans wird es keinen Unterschied machen, ob du den Brief unterschreibst. Es ist nur ein dummes Stück Papier.«

»Aber wenn alle Aktivisten und Aktivistinnen, die den Orang-Utans helfen wollen, das genauso sehen, wird sich nie etwas ändern. Wenn ich die Entschuldigung unterschreibe und sage, dass ich unrecht hatte, muss ich lügen. Ich muss sagen, dass ich den Palmölanbau unterstütze. Das kann ich nicht tun.« Während ich mit Putu rede, werde ich mir klar darüber, dass das die Wahrheit ist. Ich kann den Brief nicht unterschreiben.

»Für dich ist es wahrscheinlich egal«, sagt Putu, ihre Stimme klingt jetzt kalt. »Du fliegst nach Kanada, lässt dieses ganze Chaos einfach hinter dir. Was ist mit Mrs. Harwono? Was soll sie tun? Das ist so typisch für dich, Malia. So egoistisch. Kannst du zur Abwechslung mal an jemand anders als nur an dich selbst denken?«

»Ich fliege nirgendwo hin«, sage ich. »Ich bleibe hier. Das sage ich dir ständig.«

»Tja, vielleicht solltest du gehen«, sagt sie. »Vielleicht wäre das für alle besser.«

Ihre Worte schockieren uns beide so sehr, dass wir verstummen. Sekunden verstreichen und fallen in eisige Leere.

»Ich muss jetzt Schluss machen«, sagt sie schließlich und legt auf.

Ich hätte es nicht für möglich gehalten, dass ich mich am Ende des Tages noch schlechter fühlen könnte als zu Beginn, aber es ist genau wie im ersten Satz in meiner Präsentation: *Ständig passieren die unmöglichsten Sachen.*

ARI

Auf dem Heimweg nach der Schule mache ich halt an einem Straßenstand mit Künstlerbedarf.

»Kann ich bitte einen Kindermalkasten haben?«, frage ich. »Nur einen kleinen. Und etwas Papier.«

Die Ladenbesitzerin wickelt den Plastikfarbkasten in braunes Packpapier und rollt ein paar weiße Blätter zusammen.

»Du musst Wasser auf den Pinsel geben«, sagt sie. »Und wenn du die Farbe wechselst, musst du den Pinsel jedes Mal mit Wasser auswaschen, damit die Farben nicht dreckig werden.«

»Oh, natürlich«, sage ich. »Dann brauche ich bitte auch noch einen Pinsel.«

»Es ist einer dabei«, sagt sie. »Nur ein kleiner«, fügt sie hinzu. Sie öffnet einen der anderen Kästen und zeigt mir den dünnen Pinsel. Ich kann mir nicht vorstellen, dass Ginger Juice etwas so Kleines in ihrer Hand halten kann.

»Ich brauche einen größeren«, sage ich und zeige auf

127

einen größeren, dickeren Pinsel an der Rückwand der Bude.

Die Frau nimmt ihn ab, befestigt ihn mit Klebeband an der Papierrolle und lässt mich wissen, was ich ihr schulde. Ich krame in meiner Hosentasche nach dem Geld. Es ist mein Wochenbudget für Kaffee und Snacks im *Warung* Kopi.

Voller Vorfreude, Ginger Juice die Sachen zu bringen, eile ich nach Hause. Ich finde sie, auf dem Rücken liegend, mit einem Fuß in der Luft, während sie das orangefarbene Fell zwischen ihren Zehen durchkämmt. Ich ziehe einen Tisch an ihren Käfig und packe die Farben und das Papier aus.

»Ich habe etwas zum Spielen für uns mitgebracht«, sage ich zu ihr. »Wir werden malen!« Ich renne zur Küche, hole einen Becher Wasser und haste wieder zurück. Sie wird immer noch voll und ganz von ihrer Fußpflege in Anspruch genommen.

»Die Experten nennen es ein Beschäftigungsspiel«, erkläre ich ihr. »Anregung für dein Hirn.«

Ginger Juice lässt sich durch mein Geschwätz nicht stören, aber als ich den nassen Pinsel in die Farbe tunke und Striche über das Papier ziehe, dreht sie ihren Kopf und folgt jeder meiner Bewegungen mit ihren Augen. Sie sieht aufmerksam zu. Ich male weiter Linien, Kreise und Punkte in allen Farben, bis mein Blatt voll ist. Stolz halte ich mein Kunstwerk hoch.

»Siehst du? Man nennt es malen. Hier«, sage ich und schiebe den Malkasten und den Wasserbecher durch die Gitterstäbe ihres Käfigs. »Du bist dran.« Ich wickle ein Blatt Papier ab und lege es in den Käfig neben die Farben, dann halte ich den größeren Pinsel hoch, sodass sie ihn sehen kann. »Das ist dein Pinsel. Ich habe ihn für dich gekauft. Willst du es probieren?«

Endlich setzt Ginger Juice sich auf und stupst das Papier mit einem Fuß an, dann packt sie es mit ihren Zehen und legt sich wieder hin. Sie schnüffelt an dem Blatt, das sie sich jetzt hoch über den Kopf hält.

»Nein, es ist nichts zu essen«, sage ich. »Es ist ein Spiel.« Ich schwenke den Pinsel, den ich immer noch in der Hand halte, hin und her, damit sie ihn sieht. »Damit kann man malen, so wie ich es gerade gemacht habe.« Ich halte mein Blatt hoch. »Siehst du?«

Ginger Juice legt sich das Blatt für eine Weile aufs Gesicht, dann hält sie es in ihren Händen und fängt an, es in immer kleinere Stücke zu reißen. Wenigstens diese Aktivität scheint sie für eine kurze Zeit zu interessieren. Als die Stücke zu klein werden, rollt sie sich auf die Seite und dreht sich von mir weg. Als sie sich herumwälzt, stößt sie den Becher um und schüttet das Wasser über den Malkasten. Das Farbwasser durchtränkt die Zeitung, mit der ich heute Morgen ihren Käfig ausgelegt habe.

»Ich glaube, du brauchst noch ein paar mehr Stunden Kunstunterricht«, sage ich zu ihr und bin mehr als nur ein klein bisschen enttäuscht. Ich hatte mir vorgestellt, dass sie sich sofort auf die Aktivität stürzen würde. Wenigstens habe ich den Pinsel vor der Zerstörung gerettet. »Wir probieren es morgen noch mal«, sage ich und sammele den Malkasten und den Becher aus ihrem Käfig wieder ein. Ginger Juice hat alles Interesse verloren, liegt wieder auf dem Rücken und laust ihren Fuß. Vielleicht ist sie doch nicht wie die Orang-Utans, die Faisel im Fernsehen gesehen hat.

Ich drehe mich um und stelle fest, dass Onkel vom Restaurant aus zugesehen hat und jetzt kichert. »Du bist ein lustiger Kerl«, sagt er. »Malen mit einem Affen? Wir sind hier doch nicht in der Vorschule, mein Junge. Sie ist nur ein dummes Tier. Sie will keine albernen Spiele spielen.« Er lacht. »Was kommt als Nächstes? Willst du ihr beibringen, wie man Schach spielt?« Gutmütig grinst er mich an und klopft mir auf die Schulter, als ich an ihm vorbeigehe, um die Sauerei in den Müll zu werfen. »Lass sie. Sie will nur ihre Ruhe und ihren Frieden. Vertrau mir, ich weiß, was am besten für sie ist.«

Mein Plan, Onkel zu beweisen, dass Ginger Juice ein größeres Gehege und mehr Anregungen braucht, ist in Fetzen gerissen, genau wie das gemalte Bild, das ich in den Mülleimer werfe.

GINGER JUICE

Es ist Nacht. Menschen schleichen über das Gras in der Dunkelheit und stehen um den Käfig. Sie halten Dinger in der Hand und trinken daraus, schwanken, lachen. Schlechter Geruch. Fauliger Obstgeruch. Schlechter Geruch mischt sich mit Rauch aus kleinen brennenden Stängeln, die Menschen in Fingern halten.

Ich weiß nicht, was sie wollen.

Elvis Presley kreischt einen Warnschrei unter der Haube. Menschen sagen Worte, die ich nicht verstehe. Sie schlagen, *klong, klong, klong*, Trinkdinger an die Gitterstäbe. Fauliger Obstgeruch kommt aus den Trinkdingern und jetzt rieche ich auch danach. Menschen spritzen stinkendes Wasser auf mich.

Ich versuche, von ihnen fortzurücken, kann aber nicht. Arme steif, Beine schwach.

Mehr fauliges Wasser spritzt in mein Gesicht.

Menschen lachen. Ich bin verwirrt. Warum machen sie mich faulig riechend? Warum ist das lustig?

Ich verstecke das Gesicht in einer Käfigecke. Ich will, dass sie verschwinden.

Mensch nimmt meine Hand. Ich lasse ihn. Vielleicht wird es so, wie wenn Langsamer-Lori-Junge meine Hand hält. Aber nein. Nicht warm. Nicht sanft. Fühle Stechen. Stechen wird schlimmer. Tut weh, brennt! Wie wenn Wald brennt.

Ich schreie, ziehe Hand weg und lecke, lecke Finger, damit er nicht mehr so wehtut. Elvis Presley kreischt und kreischt. Ich will, dass Menschen weggehen. Warum tun sie mir weh? Versuche, mich zu verstecken. Kann mich nirgendwo verstecken.

Ich rufe Nebelschleier herbei. Ich will Angstgefühl daran hindern, sich in meinen Kopf zu graben.

ARI

Früh am Morgen, als ich zu Ginger Juice gehe, um sie zu begrüßen und ihren Käfig sauber zu machen, sehe ich, dass ein paar Bierflaschen im Gras um ihren Käfig herum liegen. Als ich genauer hinschaue, entdecke ich Zigarettenstummel, die überall um ihren Käfig herum ausgetreten wurden. Ich spähe durch die Gitterstäbe. »Guten Morgen, Ginger Juice«, sage ich. Sie reagiert nicht auf meine Stimme. Sie liegt mit dem Gesicht nach oben, die Arme über ihren Augen. Ich betrachte sie genauer und sehe, dass die Haare an ihren Armen und auf ihrer Brust verklebt sind. Ich schaue zu den Bierflaschen um ihren Käfig herum. *Kann das Bier sein? Was ist passiert? Wer war das?* Schreckliche Bilder von dem, was man ihr angetan haben könnte, rasen durch meinen Kopf.

»Ginger Juice, was ist passiert?«, frage ich sie ein bisschen dumm. »Hat dir jemand wehgetan?«

Sie sieht mich immer noch nicht an. Stattdessen

133

nimmt sie ihre Arme weg und sieht über meinen Kopf hinweg zum Morgenhimmel. Dann lässt sie ihr Kinn schwer auf ihre Brust sinken und schlägt die Augen nieder. Ihre Arme liegen reglos neben ihr. Ich strecke meine Hand durch die Gitterstäbe und berühre ihre Hand. Sie zuckt zusammen, aber bevor sie sie wegzieht, sehe ich ein rundes Mal auf ihrer Fingerkuppe. Es ist ein kleines rundes Brandmal, von der Größe einer Zigarettenspitze. Jemand hat sie mit einer Zigarette verbrannt. Sie haben Bier über sie geschüttet und sie haben sie verbrannt. Von so viel Grausamkeit wird mir schlecht und ich übergebe mich ins Gras. Vor lauter Wut und Kummer laufen mir Tränen über die Wangen, während ich die Gitterstäbe packe. »Ich werde dich hier rausholen«, sage ich zu ihr. »Ich verspreche es.«

Ich marschiere zum Restaurant, wo Onkel und Nang *Jeruks* für den täglich frischen Ingwersaft auspressen.

»Komm und sieh es dir an!«, brülle ich. »Komm und sieh, was passiert ist!«

»Was? Was ist los? Was ist passiert?« Onkel springt von seinem Hocker auf. »Beruhige dich, Junge. Erzähl mir, was passiert ist.«

»Komm und sieh selbst«, sage ich und renne zurück zum Käfig von Ginger Juice. Onkel folgt mir und stolpert gleich darauf über die Bierflaschen im Gras. »Was für eine Sauerei«, sagt er und tritt mit seiner Sandale gegen eine der leeren Flaschen. »Diese kleinen Rotzlöffel.«

»Die kleinen Kinder aus der Nachbarschaft? Nein. Hier liegen Bier und Zigaretten. Weißt du, wer das war?«, frage ich.

»Ältere Kinder ... junge Leute, vielleicht ein bisschen älter als du. Ich glaube, ich habe sie gestern Abend gehört. Es war spät.«

»Sieh nur«, sage ich und zeige auf Ginger Juice. »Sieh nur, was sie ihr angetan haben!«

Onkel schüttelt den Kopf und sieht nicht wirklich zu Ginger Juice, sondern stattdessen auf die Zigarettenstummel und Flaschen. »Wir brauchen eine Außenbeleuchtung. Eine von diesen Lampen, die sich bei Bewegung einschalten. Das wird alle Kinder abschrecken, wenn sie noch mal versuchen reinzukommen.«

»Ist das alles, was du dazu zu sagen hast?«, stottere ich. »Sieh sie dir an.«

»Was meinst du?«, fragt er. »Ich sehe sie doch.«

»Aber *sieh* hin«, flehe ich ihn an. »Sie haben Bier über sie geschüttet. Sie wurde verbrannt. Sie wurde gequält.« Ich halte mir mit beiden Händen den Kopf, damit er nicht explodiert. »Ist dir das egal?«

»Natürlich ist es mir nicht egal. Ich werde eine Lampe mit Bewegungsmelder besorgen, genau wie ich gesagt habe. Es wird nicht wieder vorkommen.« Er wirft einen kurzen Blick auf Ginger Juice. »Hol den

135

Schlauch und mach sie sauber.« Onkel geht zurück in die Küche.

»Du kannst sie nicht länger in diesem Käfig halten!«, brülle ich ihm hinterher. »Es ist falsch. Es ist gemein!« Ich warte, bis er sich umdreht, dann fahre ich fort: »Wir müssen einen besseren Platz für sie finden. Irgendwo, wo sie wie ein Affe leben kann, nicht wie eine ... *Attraktion*! Weißt du überhaupt, dass es illegal ist, sie in Gefangenschaft zu halten?«

Onkel verliert die Geduld, kommt mit großen Schritten auf mich zu und deutet mit dem Finger zwischen meine Augen. »Wie kannst du es wagen, so etwas zu sagen? Sie gehört *mir*!« Er schlägt sich auf die Brust. »Sie geht dich nichts an!«, brüllt er. »Sie geht nirgendwohin. Was würden die Restaurantkunden denken, wenn sie herkommen, und sie wäre weg? Wir würden Kundschaft verlieren!« Er verengt seine Augen. »Sei vorsichtig, Neffe, ich brauche sie sehr viel mehr als dich. Und jetzt räum diese Sauerei hier auf!« Ich sehe ihm hinterher, während er zurück zur Küche stapft, mein Herz pocht in meiner Brust, meine Ohren sind heiß. Ich blicke wieder zu Ginger Juice und sehe, dass sie sich die Ohren zuhält. Unser Geschrei hat sie noch mehr verschreckt.

»Es tut mir leid, es tut mir leid«, sage ich leise zu ihr. »Alles okay, mach dir keine Sorgen. Alles okay.« Ich plappere belangloses Zeug vor mich hin, um nicht nur ihre, sondern auch meine Nerven zu beruhigen, aber sie reagiert nicht. Ihr Kopf wiegt sanft von rechts nach links, sie hält sich immer noch die Ohren zu.

Ich weiß, was Onkel sagen will, ich kann zwischen den Zeilen lesen. Er sagt, wenn ich weiter Schwierigkeiten mache, wenn ich noch einmal drohe, Ginger Juice zu befreien, dann wird er mich zurück in mein Dorf schicken. Er wird mich zurückschicken, und es wird keine Schule mehr geben, kein Schach, gar nichts mehr, nur noch Reis pflanzen.

MALIA

Mom hat heute Morgen einen Anruf von der Universität bekommen, irgendeine Panne mit Prüfungsergebnissen, also verlässt sie eilig das Haus.

»Du kannst heute Nachmittag wie sonst auch mit deiner Großmutter Tee trinken gehen«, sagt sie. »Oma weiß nicht, was an deiner Schule vorgefallen ist. Zumindest nicht von mir. Aber wie ich sie kenne, wird sie es herausfinden. Du solltest es ihr also lieber erzählen.« Sie bleibt stehen und sieht mich an. »Zu welchem Ergebnis bist du gekommen, nachdem du gestern Abend noch mal darüber nachgedacht hast? Nein, warte. Antworte nicht jetzt«, sagt sie. »Wir reden in Ruhe darüber, wenn ich nach Hause komme.«

»Okay«, sage ich. »Bis später.«

Seit ich acht Jahre alt war, treffe ich mich regelmäßig mit Oma im Hotel Shangri-La zum Nachmittagstee. Oma hat sich diesen englischen Brauch angewöhnt, nachdem sie als junge Frau in London studiert hatte.

Für reiche Indonesierinnen wie Oma ist es üblich, im Ausland zu studieren, und ihrer Meinung nach ist das Shangri-La der einzige Ort, an dem es nachmittags eine richtige englische *Tea Time* gibt. Es ist ein Fünfsternehotel, das bei Touristen und wohlhabenden Einheimischen sehr beliebt ist. Meiner Großmutter gehört eine Apothekenkette. Sie fing mit einer Apotheke an und innerhalb von zwölf Jahren besaß sie mehrere Apotheken in Surabaya und Ostjava. Als junge Frau hat sie Pharmawissenschaft studiert, aber als sie nach Indonesien zurückkehrte, stellte sich schnell heraus, dass sie eigentlich durch und durch Geschäftsfrau ist.

Ich treffe vor ihr im Hotel ein und werde vom Oberkellner erkannt. »Guten Tag, Miss«, sagt er auf Englisch.

»*Selamat sore*«, antworte ich auf Bahasa. Er führt mich zu Omas Stammtisch im luxuriösen Restaurant, von dem aus man einen Blick auf die gepflegte grüne Gartenanlage rund um den glitzernden Pool hat. Ich nehme Platz, falte meine Hände im Schoss, und während ich warte, lege ich mir zurecht, was ich meiner Großmutter sagen werde. Sie ist meine letzte Hoffnung, in Indonesien bleiben zu dürfen. Ich brauche ihre Hilfe.

Ich beobachte, wie eine Gruppe westlicher Touristen an der Rezeption eintrifft. Sie schwitzen und fächeln sich mit Zeitschriften Luft zu, sichtlich erleichtert, der glühenden Hitze draußen entkommen zu sein. Zwei kleine Kinder reißen sich von ihren Eltern los und rennen durch die Lobby zu den großen Glasfenstern. Mit ihren kleinen Händen schlagen sie gegen das Glas und quietschen fröhlich, als sie den Pool entdecken.

Meine Oma trifft ein, und ich sehe zu, wie sie durch die marmorne Lobby gleitet, höflich nickt und ihren vielen Bekanntschaften zuwinkt, die ebenfalls im Restaurant essen. Für meine Großmutter und ihresgleichen ist es wichtig, dass das Prestige, das mit dem Besuch des Hotels einhergeht, gesehen und gewürdigt wird. Sonst wäre es die saftige Rechnung kaum wert, die auch noch in US-Dollar ausgestellt wird.

Als sie am Tisch ankommt, bückt Oma sich und streift mit ihrer weichen Wange meine, auf jeder Seite einmal. Mit flinken Fingern wickelt sie den teuren Seidenschal vom Hals. Er passt zu dem Kopftuch, das sie trägt und das perfekt sitzt und nicht verrutscht. Die Haare unter ihrem Kopftuch sind rabenschwarz gefärbt. Einer der zwei Kellner, die sich lautlos hinter ihr bereithalten, bietet ihr an, ihr die Jacke abzunehmen. Sie schlüpft aus den Ärmeln des maßgeschneiderten Business-Jacketts, das in der Hitze nicht nötig gewesen wäre, dass sie aber aus modischen Gründen trägt. Der andere Kellner faltet es geschickt zusammen und legt es ordentlich auf den Stuhl neben ihr, während sie Platz nimmt. Jetzt warten die Kellner nervös zu beiden Seiten von ihr auf weitere Anweisungen. Nachdem Oma das Gleiche wie immer bestellt hat, eilen sie davon, um den Auftrag auszuführen, wobei ihre Schritte vom weichen Teppichboden verschluckt werden.

»Hallo, Schatz«, sagt sie. »Du siehst müde aus. So jung und schon dunkle Ringe unter den Augen. Schläfst du nicht gut?«

»Nicht wirklich«, gebe ich zu. »Ich bin gestresst.«

Oma trinkt einen Schluck von ihrem Eiswasser und zieht eine gezupfte Augenbraue hoch. »Oh, tatsächlich? Warum das?«

»Ich will nicht nach Toronto ziehen«, sage ich ihr. »Ich möchte bei dir wohnen. Ich will hier in Surabaya bleiben.«

»Ich verstehe«, sagt sie. Wir mustern uns gegenseitig. »Damit wäre deine Mutter nie einverstanden«, fährt sie fort. »Und ich auch nicht.« Sie lächelt mich kurz an. »Auch wenn ich gerne Ja sagen würde, wäre es nicht richtig. Du gehörst zu deiner Mutter. Aber du wirst deine Schulferien bei mir verbringen. Ich werde dich oft in Toronto besuchen. Und eines Tages, wenn du älter bist, kannst du dich entscheiden, bei mir zu wohnen, wenn du möchtest. Aber jetzt noch nicht. Jetzt ist die Zeit, bei deiner Mutter zu sein.«

»Aber warum? Du magst Mom noch nicht mal.«

»Das ist nicht wahr. Deine Mutter und ich sind oft nicht derselben Meinung. Wir haben andere Ansichten, andere Sitten, aber ich habe sie immer respektiert. Sie bleibt ihrem Herzen und ihren Überzeugungen treu. Und sie liebt dich sehr.«

»Aber ich will hierbleiben«, sage ich und bemühe mich, nicht zu jammerig zu klingen. »Ich bin Indonesierin. Ich weiß nicht, wer ich in Kanada bin.«

»Mein liebes Kind. Nicht, wo du lebst oder wo deine Eltern geboren sind oder wo du selbst auf die Welt gekommen bist, definiert dich. Das, was in deinem Herzen ist, deine Taten und deine Worte definieren dich.«

»Sieh mich an«, fährt sie fort. »Mein Vater wurde in Jakarta geboren, meine Mutter in Singapur. Ich bin eine Geschäftsfrau. Ich bin eine muslimische Frau, ich bin Indonesierin, ich bin Javanerin. Ich wurde in Europa ausgebildet. Ich lebe in Surabaya, aber vor langer Zeit habe ich im Ausland gelebt.« Sie wirft mir einen herausfordernden Blick zu. »Wer bin ich? Versuch, mir einen Stempel aufzudrücken.«

»Du bist meine Oma.«

Sie lächelt. »Ja. Für dich bin ich deine Großmutter, denn so fühle ich in meinem Herzen für dich, und durch meine Worte und Taten weißt du, dass das wahr ist. Aber für andere, zum Beispiel für meine Angestellten, bin ich jemand anders. Verstehst du, was ich meine? Du bist, was in deinem Herzen ist, und durch deine Worte und Taten beeinflusst du andere. Denk immer daran, mein Schatz. Indonesierin. Kanadierin.

Mädchen. Frau. Mutter. Tochter. Großmutter. Wenn du dich mit einem Stempel versiehst, dann sperrst du dich selbst in einen Käfig.«

»Aber in meinem Herzen ist Indonesien«, murmele ich. Ich strenge mich an, um nicht unter der Lawine der Enttäuschung begraben zu werden, die über mich hinwegrollt. *Wer wird von seiner eigenen Großmutter zurückgewiesen?*

»Manchmal muss man auch andere Orte in sein Herz hineinlassen. Vertrau mir, in deinem Herzen gibt es genug Platz für viele Orte und viele Menschen. Das wirst du mir einfach glauben müssen.«

Eine Etagere mit Sandwiches, Kuchen, Keksen und Scones kommt. Außerdem bringen die Kellner eine große Teekanne, aus der sie uns Tee einschenken. Von der Flüssigkeit in den Porzellantassen steigt Dampf auf und verdunstet in der kühlen Luft der Klimaanlage.

»Genug von diesem Gerede«, sagt sie. »Trink deinen Tee.« Oma dreht die Etagere, sodass die Macarons vor meinem Teller stehen. »Hier, ich weiß, die magst du am liebsten.«

Ich trinke artig meinen Tee, beiße in einen Macaron und habe Mühe, die klebrige Masse hinunterzuschlucken. Ich kaue und kaue, versuche, die Enge in meinem Brustkorb und die Tränen, die sich in meine Augenwinkel schleichen, nicht zu beachten. Ich beiße mir auf die Lippe, damit die Schleusen sich nicht öffnen. Oma

144

würde keine weiteren Diskussionen dulden. Ich weiß, sie erwartet, dass ich stark bin, genau wie sie.

»Und was ist mit dieser anderen Sache?«, fragt sie zwischen zwei kleinen Schlucken Tee. »Was hast du an deiner Schule angestellt, *hmm*?«

»Du hast davon gehört?«

»Natürlich habe ich davon gehört. Ich zahle dein Schulgeld, falls du das vergessen haben solltest.«

»Ich kümmer mich darum«, sage ich. »Ich bring das wieder in Ordnung.« Ich will sie nicht nach ihrem Rat fragen, weil ich weiß, was sie sagen wird, und ich will es nicht hören. Meine Großmutter gehört zur sogenannten *Oberschicht*. Ihre Geschäfte laufen so erfolgreich, weil sie nie Staub aufwirbelt. Und sie glättet Wogen, wo sie geglättet werden müssen. Orang-Utans zu retten, steht nicht auf ihrer To-do-Liste. Geldverdienen ist ihre Priorität. Papa, ihr einziger Sohn, war da ganz anders.

»Tu das«, sagt sie spitz.

Ich bin mit dem Taxi zum Shangri-La gekommen, daher kündigt Oma nach dem Tee an, dass ihr Fahrer mich nach Hause bringen wird. Sie selbst trifft sich noch mit ein paar Freunden. Oma reicht mir die Schachtel mit den restlichen Süßigkeiten und hält meine Hand fest. »Glaub nicht, dass ich dich nicht vermissen werde, wenn du weg bist, Enkelin«, sagt sie und drückt meine Hand. »Ich werde dich mehr vermissen, als Worte es ausdrücken können, vor allem ...« Sie bricht ab, aber die unausgesprochenen Worte hängen trotzdem in der Luft. Keine von uns möchte die mühsam unterdrückte Trauer um Papa wieder hochkommen lassen.

»Jetzt kannst du beweisen, wie mutig und stark du bist«, sagt sie stattdessen. »Und wenn ich eins weiß, dann, dass du stark bist, genau wie ich. Jetzt darf dein Mut glänzen.« Sie ist sitzen geblieben, also beuge ich mich zu ihr hinunter und küsse sie auf beide Wangen. Sie flüstert so leise in mein Ohr, dass ich mich frage, ob ich es mir nur einbilde. »Hierzubleiben bringt ihn nicht zurück«, sagt sie.

Der uniformierte Portier nickt mir zu, als Omas schwarzer Mercedes auf die breite, halbrunde Auffahrt zum Hotel biegt. Omas Fahrer, Gamin, springt heraus, um mir die Tür aufzuhalten. Er arbeitet schon so lange für Oma, wie ich mich erinnern kann. »Hallo, Miss Malia«, sagt er höflich.

Ich sitze auf der Rückbank von Omas Mercedes, und Gamin wartet auf eine Lücke, um sich in den dichten Verkehr einzuordnen. Ein Mädchen in meinem Alter mit einem Kleinkind, das sie sich mit einem Sarong auf die Brust gebunden hat, klopft sacht an das Fenster, um auf sich aufmerksam zu machen. Das kleine Kind, das sie bei sich hat, ist wahrscheinlich ein jüngeres Geschwisterkind. Sie sind beide mit einer Schmutzschicht bedeckt vom Staub entlang der viel befahrenen Straße.

Die Hand des Mädchens ist in einer stummen Bitte nach ein paar Münzen ausgestreckt.

»Hast du ein bisschen Kleingeld?«, frage ich Gamin.

»Ja, Miss«, sagt er und greift in das Handschuhfach. Er fährt sein Fenster herunter und lässt ein paar Münzen in die Hand des Mädchens fallen. Sie nickt, ohne zu lächeln. Das Kleinkind scheint mich die ganze Zeit mit großen Augen direkt anzustarren. Aber ich weiß, dass das unmöglich ist, weil die Scheiben getönt sind. Ich lasse mein Fenster herunter. »Hier«, sage ich zu dem Mädchen und gebe ihr die Schachtel mit den restlichen Süßigkeiten. »Ich hoffe, du magst das.« Sie nimmt sie, lächelt aber immer noch nicht. *Warum sollte sie auch?*, denke ich. *Kuchen und Kekse werden ihre Probleme nicht lösen.*

In den Straßen von Surabaya sind Bettler ein gewohnter Anblick. Überall herrscht unerbittliche Armut.

Ich weiß, dieses Mädchen könnte genauso gut ich sein. Ich könnte draußen vor einem teuren Restaurant stehen und mich fragen, warum ich hungern muss, während andere Menschen in Luxusautos vorfahren und hineingeführt werden, um Kuchen zu bestellen. Kuchen, den sie nicht einmal aufessen.

Ich höre Papas Worte, das, was er immer gesagt hat, wenn ich gefragt habe, warum andere arm sind und wir nicht. *Die Armen sind arm, ohne eigenes Verschulden. Die Reichen sind nicht reich, weil sie besser sind. Du musst immer freundlich sein. Du musst immer dankbar sein. Du darfst das, was du hast, nicht für selbstverständlich halten.* Ich habe diese Worte viele Male gehört, aber nie wirklich über ihre tiefere Bedeutung nachgedacht. Jetzt, wo ich die Verzweiflung in dem Blick des Straßenmädchens sehe, die meine weitergereichte Schachtel mit Naschereien in der Hand hält, erhellen sich mir seine tiefsten Beweggründe.

Ich schäme mich und mir kommen die Tränen. Während meines Treffens mit Oma hatte ich sie zurückhalten können, aber jetzt bahnen sie sich in heftigen Schluchzern einen Weg nach draußen. *Es tut mir leid, Papa. Es tut mir leid.* Ich höre nicht auf zu weinen. Durch den Rückspiegel wirft Gamin mir einen Blick zu und sieht dann schnell wieder weg. Er will mich nicht in Verlegenheit bringen. Das Gesicht des Straßenmädchens wird durch das von Mom, Putu, Bibi und Mrs. Harwono verdrängt. Mir stockt der Atem, weil ich mich ihnen gegenüber so egoistisch verhalten habe.

Alles, worum Papa mich je gebeten hat – sogar in seinen letzten Worten an mich –, war, den Menschen freundlich zu begegnen. Und ich habe versagt und wieder versagt, jämmerlich versagt.

ARI

Ich wache auf. Mein Körper ist ganz steif vom Liegen auf dem Boden. Ich habe gestern Nacht neben dem Käfig von Ginger Juice geschlafen. Ich wollte sie auf keinen Fall allein lassen, für den Fall, dass diejenigen, die sie gestern Nacht verletzt haben, zurückkommen.

Ich massiere meinen Nacken und strecke meine Beine. Jemand – wahrscheinlich Nang – hat mich in der Nacht mit einem Sarong zugedeckt. Ich falte das Batiktuch zusammen und setze mich darauf. Die Erde ist kalt und feucht. In der Nähe kräht ein Hahn und verkündet den Anbruch des Tages. Die feuchte, morgenfrische Luft wird schon bald von schwerer, drückender Hitze verdrängt werden.

Im dunstigen blauen Morgenlicht werfe ich einen Blick auf Ginger Juice. Sie liegt auf dem Bauch, ihr Gesicht ruht auf ihren Armen, ihre Beine hat sie unter ihren Körper gezogen. Sie liegt reglos da, aber sie schläft nicht. Aus traurigen Augen sieht sie mich an.

Ich sehe, wie sich ihre Lippen bewegen, und sie deutet mit ihrem langen Zeigefinger auf mich. Es sieht aus, als versuchte sie, mir etwas zu sagen, aber wie soll ich verstehen, was?

Gibt es Menschen auf der Welt, die sich mit Orang-Utans unterhalten können? Gibt es tatsächlich Menschen, die Affen aus Käfigen zu einem besseren Leben verhelfen können? Gibt es Hoffnung für Ginger Juice?

Das beeindruckende Mädchen mit den karamellfarbenen Augen fällt mir wieder ein. Die, die ich an der Privatschule gesehen habe. Die, die mir den Zettel in die Hand gedrückt hat.

„Warte mal!«, sage ich zu Ginger Juice und stürze in mein Zimmer. Ich finde meine Schultasche und suche unten darin nach der Petition, die mir das Mädchen vor ein paar Wochen gegeben hat. Meine Hand stößt auf das zerknitterte Papier und ich renne damit zurück zum Käfig von Ginger Juice. Ich setze mich wieder auf den Sarong und falte es auf. Ich suche nach meiner Brille und finde sie im Gras, wo ich sie gestern Abend abgelegt habe.

Ich lese, was zu tun ist, wenn man von einem gefangenen Orang-Utan weiß.

Die Haltung von Orang-Utans als Haustiere ist gesetzeswidrig. Wenn Sie von einem in Gefangenschaft lebenden Orang-Utan wissen, sollten Sie die Behörden informieren. In Gefangenschaft gehaltene Orang-Utans können gerettet und in Auffangstationen untergebracht werden, wo sie unter Bedingungen leben können, die ihrem natürlichen Umfeld entsprechen. Manchmal können sie auch wieder ausgewildert werden. Da es nur noch wenige wilde Orang-Utans gibt, ist jeder in Gefangenschaft lebende Orang-Utan wichtig. Schweigen Sie nicht, wenn Sie einem in Gefangenschaft lebenden Orang-Utan helfen können.

Behörden? Welche Behörden? Die meisten von Onkels Freunden, seine Dominokumpels, sind Armeeangehörige. Sie *sind* die Behörde hier in der Gegend. Auf der Petition steht keine Telefonnummer und auch keine Website, abgesehen von der Regierungsbehörde, an die man die Petition schicken soll. Aber Moment. Da ist noch eine andere E-Mail-Adresse, die von dem Mädchen. Sie heißt Malia Kusarto.

»Ich glaube, ich habe jemanden gefunden, der uns helfen kann«, sage ich zu Ginger Juice. »Wir werden dich hier rausholen.«

Aber Ginger Juice hat jetzt ihre Augen geschlossen. Ob sie schläft oder einfach nur satthat, was sie sieht, kann ich nicht sagen. Ich bleibe neben ihr sitzen, bis die Sonne vollständig aufgegangen ist und mein Magen hungrig knurrt. Ich habe gestern den ganzen Tag nichts gegessen. Ich konnte nichts bei mir behalten, aber heute Morgen ist mein Appetit zurückgekehrt. Ich gehe in die Küche – Onkel und Nang sind so früh noch nicht da –, schaufele mir eine Schöpfkelle kalten Reis in eine Schüssel und hole mir ein gepökeltes Entenei aus dem Vorratsraum. Mit meinem Teller gehe ich zurück zum Käfig von Ginger Juice, aber sie hat ihre Augen immer noch nicht geöffnet. Ich esse, kaue, denke nach, kaue. Jetzt ist alles viel klarer. Ich weiß, was ich tun muss. Es reicht nicht, ein größeres Gehege zu bauen. Es reicht nicht, Ginger Juice mit irgendwelchen Aktivitäten zu beschäftigen. Sie ist nicht faul. Sie bewegt sich nur nicht, weil ihre Arme und Beine durch jahrelange Gefangenschaft schwach sind. Tief in mir drin habe ich das immer gewusst. Tief in mir drin habe ich gewusst, dass es gemein ist, sie in einem Käfig zu halten. *Es ist gemein und sie leidet.* Ich kann mir nichts mehr vormachen.

Ich betrachte ihr Gesicht und wie sich ihre große Brust hebt und senkt. Sie entgleitet dieser Welt, ich spüre es bis ins Mark. Ich hoffe, ich bin nicht zu spät dran, um sie zu retten.

MALIA

Mom ist immer noch an der Uni, als ich vom Shangri-La nach Hause komme. Darüber bin ich froh. So habe ich genügend Zeit, zu tun, was ich tun muss. Ich hole meinen Laptop und beginne zu schreiben. Ich brauche nicht lang – ich weiß genau, was ich sagen will. Ich klicke auf *Drucken* genau in dem Augenblick, in dem Moms Auto in unsere Einfahrt biegt.

Ich bin immer noch sehr aufgewühlt und den Tränen nahe, seit ich in Omas Auto geweint habe. Als Mom durch die Eingangstür tritt, renne ich zu ihr und werfe meine Arme um sie. Ich halte sie fest und vergrabe mein Gesicht an ihrer Schulter.

»Hey, hey«, sagt sie und streichelt mir übers Haar. »Was ist los?«

»Ich werde den Entschuldigungsbrief nicht unterschreiben«, sage ich und lasse sie endlich wieder los. »Ich habe stattdessen meine eigene Stellungnahme geschrieben.«

»Ah, verstehe«, sagt sie und wischt mir eine übrig gebliebene Träne von der Wange. »Setzen wir uns hin, damit ich sie lesen kann.«

Wir gehen ins Wohnzimmer, Moms Arm liegt immer noch um meine Schulter. Wir setzen uns auf die Couch, und Mom nimmt das Blatt Papier, das ich ihr reiche.

»Bevor du es liest, muss ich dir noch etwas sagen«, lasse ich sie wissen.

Ich halte meinen Arm neben ihren, und wir schauen auf unsere unterschiedlichen Hautfarben, mein Mokka und ihr Vanille. »Vielleicht bin ich doch bereit, etwas Ahornsirup auf meinem Mokka-Eis zu probieren«, sage ich.

Mom lacht und küsst mich auf den Scheitel. »Dich gibt es kein zweites Mal, Malia.«

Ich lehne meinen Kopf an ihre Schulter, während sie meinen Brief liest.

Entschuldigungsbrief von Malia Kusarto

Sehr geehrte Damen und Herren,

vor Kurzem habe ich eine Präsentation an meiner Schule gehalten, in der es um die Abholzung der Wälder und die Zerstörung von Lebensräumen für die Orang-Utans in Indonesien ging, um Platz zu schaffen für Palmölplantagen. Ich habe eine Petition zur Unterschrift für meine Mitschüler erstellt, in der ich dagegen protestiere, dass Produkte, die auf ihren Etiketten als palmölfrei ausgewiesen werden, aus unseren Supermärkten verbannt wurden.

Meine Lehrerin, Mrs. Harwono, wusste nicht, welches Thema ich präsentieren würde. Ich habe meiner Mutter nicht gehorcht, die mich gebeten hat, meine Lehrerin über meine Präsentation zu informieren. Als ich nach meiner Präsentation die Petition herumgehen ließ, hat Mrs. Harwono die Zettel von den Schülern wieder eingesammelt und mir erklärt, dass ich sie nicht verteilen darf, bis sie die Erlaubnis dafür von unserem Schulleiter eingeholt hat. Ich habe ihre Anweisungen nicht befolgt und habe die Petition online über unsere Klassenwebsite verschickt. Ich habe auch meine beste Freundin angelogen, die nicht wusste, dass ich absichtlich sowohl meiner Mutter als auch unserer Lehrerin nicht gehorcht habe.

Das tut mir sehr leid. Ich entschuldige mich bei meiner Mutter, meiner Lehrerin, meiner Schule und meiner besten Freundin.

Wenn ich durch mein Handeln anderen einen Schaden zugefügt habe, so tut es mir aufrichtig leid, und ich möchte dafür die Verantwortung übernehmen. Mrs. Harwono ist eine wunderbare Lehrerin, und ich hoffe, dass sie nicht für meine Aktionen bestraft wird.

Ich kann mich jedoch nicht dafür entschuldigen, dass ich über Umweltbewusstsein und die Auswirkungen der Palmölwirtschaft auf Orang-Utans spreche. Ich habe vor, mich noch weiter zu diesem Thema zu informieren und mehr darüber zu lernen. Ich werde auch meinen Aktivismus fortsetzen.

Mit freundlichen Grüßen
Malia Kusarto

Mom lässt den Brief sinken. »Du bist echt hartnäckig«, sagt sie. »Aber ich bewundere deine Prinzipien. Und es freut mich, dass du die Verantwortung für den Schaden übernimmst, den du anderen zugefügt hast.« Sie macht eine Pause. »Ich hasse es, solche Sachen zu sagen, aber ich hoffe, du hast etwas daraus gelernt.« Sie nickt. »Für so etwas braucht man Mut, Malia.«

»Nicht wirklich«, sage ich. »Für mich ist es einfach, an meinen Prinzipien festzuhalten, weil ich privilegiert bin. Ich habe dich und Oma und muss mir auch noch keine Gedanken darüber machen, genug Geld zu verdienen, um zu überleben. Bei Mrs. Harwono ist das etwas anderes.« Ich starre den Brief an. »Glaubst du, das wird ihr helfen?«

»Hadi hat mit ihr gesprochen. Er wird mit dem Direktor reden, sollte die Schule sie nicht wieder einstellen. Hadi und Mr. Ahmad haben gemeinsame Freunde in den örtlichen Behörden, aber er will dafür sorgen, dass es nicht so weit kommt. Laut Hadi ist alles, was der Direktor uns erzählt hat, nur ein Bluff.« Sie seufzt. »Hoffen wir mal.«

»Das hoffe ich auch«, sage ich. »Das hoffe ich wirklich sehr.«

»Warum schickst du den Brief nicht an Mrs. Harwono, bevor du ihn an den Direktor schickst?«, schlägt Mom vor. »Gib ihr diesmal eine Chance, darauf zu reagieren.«

»Gute Idee«, sage ich. »Ich habe ihre E-Mail-Adresse. Ich werde ihn auch Putu schicken.«

Ich hole meinen Laptop aus meinem Zimmer und rufe meinen E-Mail-Account auf. Seit meinem Schulverweis habe ich bewusst nicht mehr in meinen Posteingang geschaut. Nachdem ich mich eingeloggt habe, sehe ich, dass ich über fünfzig E-Mails bekommen habe. Ich scrolle mich durch Namen, die ich von der Schule kenne, und andere, die mir gar nichts sagen. Ich werde sie mir später ansehen.

Ich suche Mrs. Harwonos E-Mail-Adresse und nehme mir Zeit, ihr eine persönliche Entschuldigung zu schreiben. Dann hänge ich meine Stellungnahme an und klicke auf Senden, in der Hoffnung, dass sie mir erlauben wird, sie anzurufen, damit ich mich persönlich entschuldigen kann. Danach schreibe ich Putu.

Ich weiß, dass du sauer auf mich bist. Und ich weiß, dass ich es verdiene. Ich hoffe, du kannst mir verzeihen. Du bist die allerbeste Freundin, die ich mir je erhoffen kann. Es tut mir leid, dass ich dir und deiner Familie so viel Ärger bereitet habe. Und die vielen Male, die ich egoistisch war, tun mir auch leid. Du verdienst auf jeden Fall etwas Besseres. Ich hoffe, du gibst mir eine zweite Chance, damit ich eine bessere Freundin sein kann.

Alles Liebe
Malia

Bevor ich meinen Computer wieder herunterfahre, überfliege ich noch einmal den Posteingang. An den Betreffzeilen erkenne ich, dass die meisten mich beglückwünschen oder mit mir fühlen, in einigen sehe ich applaudierende oder weinende Emojis. Aber es gibt auch wütende Emojis mit rotem Gesicht. Eine E-Mail erregt meine Aufmerksamkeit. In der Betreffzeile steht *Gefangener Orang-Utan*, sie ist von jemandem namens Ari Arjuna.

ARI

Am liebsten würde weiter am Käfig von Ginger Juice Wache halten, aber ich muss jetzt zur Schule. Seit ich die E-Mail an Malia Kusarto abgeschickt habe, warte ich ungeduldig auf ihre Antwort. Ich möchte wissen, was sie zur Rettung von Ginger Juice vorschlägt.

Nachdem ich die E-Mail im Internetcafé losgeschickt habe, habe ich noch eine kurze Recherche zur Rettung von Orang-Utans gemacht und bin dabei auf ein paar Organisationen gestoßen. Anscheinend gibt es sowohl auf Borneo als auch auf Sumatra Rettungsstationen. Ich wusste nicht einmal, dass es drei verschiedene Arten von Orang-Utans gibt, je nachdem, woher sie stammen. Über Ginger Juice weiß ich nur, dass ihre Mutter getötet und sie von Onkels Armeekumpels »gerettet« wurde. Eins ist jedenfalls sicher: Wenn ich dafür sorge, dass sie gerettet wird, wird Onkel nie wieder mit mir sprechen. Meine Tage unter seinem Dach sind dann gezählt. Und das heißt, ich werde auch nicht mehr zur Schule gehen können. Und nicht nur das. Onkel könnte auch Ärger mit den Behörden bekommen. Es ist illegal, einen Orang-Utan zu halten. Allerdings habe ich auch gelesen, dass noch nie ein Indonesier dafür verurteilt wurde. Trotzdem bleibt ein gewisses Restrisiko.

Will ich weitermachen, obwohl ich weiß, was passieren könnte? Ich denke an meine Eltern und an Suni. *Wenn ich nicht bei Onkel wohnen und nicht zur Schule gehen kann, werde ich ihr hart verdientes Schulgeld zum Fenster hinauswerfen.* Was ich vorhabe, lastet auf meinen Schultern wie das Joch, das wir unserem Wasserbüffel auferlegen, damit er unsere Reisfelder umpflügt.

Ich weiß nicht genau, warum, aber ich gebe Ginger Juice den Sarong, auf dem ich saß. Sofort faltet sie ihn auf und deckt sich damit zu. Sie verschwindet unter dem Stoff, nur noch ein Fuß lugt unter dem Sarongzelt hervor.

Ich stecke meine Hand durch die Gitterstäbe und streichele ihren Fuß. Sie rührt sich nicht, liegt bewegungslos da wie eine Statue. Vielleicht bilde ich es mir nur ein, aber seit der Attacke scheint sie dieser Welt immer mehr zu entgleiten. Sie sitzt hier, aber es ist, als würden sich ihr Verstand und ihr Geist auflösen. *Ich kann nicht zulassen, dass ihr Leben vor meinen Augen dahinwelkt. Ich muss sie retten und die Konsequenzen dafür tragen.*

So schwer mir diese Entscheidung auch fällt, ich weiß, dass sie richtig ist. Endlich bin ich bereit, mich den nagenden Schuldgefühlen zu stellen, die ich schon so lange mit mir herumschleppe.

MALIA

Mrs. Harwonos Name erscheint auf meinem Handy und mein Herz macht einen Satz. Nervös gehe ich dran.

»Es tut mir leid«, platze ich heraus, bevor sie etwas sagen kann. »Es tut mir so leid. Ich wollte Sie nicht in solche Schwierigkeiten bringen. Ich hätte nie gedacht, dass so etwas passiert, wenn ich die Petition verschicke, dass Sie ...« Ich halte inne und überlege, was die eigentliche Wahrheit ist. »Nein. Ich habe einfach nicht nachgedacht«, gebe ich zu. »Ich habe überhaupt nicht darüber nachgedacht, welche Konsequenzen es für Sie haben könnte.« Ich umklammere das Handy fester. »Es tut mir so leid.«

»Ich werde nicht so tun, als hättest du mir keinen Kummer bereitet, Malia«, sagt sie. »Diese Situation war sehr anstrengend. Ich hatte deswegen viele schlaflose Nächte. Aber ich weiß deine ehrliche Entschuldigung zu schätzen, und ich verstehe, warum du die Stellungnahme, die der Direktor dir gegeben hat, nicht unterschrieben hast.«

Nervös warte ich, ob Mrs. Harwono gefeuert wurde. Ich halte den Atem an.

»Du kannst beruhigt sein«, sagt sie. »Ab morgen werde ich wieder unterrichten.«

Erleichterung durchflutet mich. »Der Direktor hat es so klingen lassen, als würde man Sie feuern, wenn ich die Erklärung nicht unterschreibe.«

»Das musst du verstehen. Die örtliche Behörde macht ihm Druck«, sagt sie. »Er will sie beschwichtigen.«

»Haben Sie die Stellungnahme deswegen unterschrieben?«, frage ich.

»Wir alle müssen unsere eigenen Urteile fällen und Entscheidungen treffen, je nachdem, was das Beste für uns und unsere Familien ist.«

»Und werden Sie die Palmölpropaganda jetzt im Unterricht unterstützen?«, frage ich.

»Unterrichten kann viele Formen haben. Ich kann ein Thema vorstellen und Schüler wie du werden sich weiter informieren.« Sie macht eine Pause. »Vielleicht werde ich genau dieses Beispiel einer ehemaligen Schülerin nutzen, die es gewagt hat, eine Petition an die Regierung zu schicken.« Sie sagt es mit Humor in ihrer Stimme. Aber es versetzt mir einen Stich, zu hören, dass sie mich als »ehemalige Schülerin« bezeichnet. So wird die Folge meines Handelns greifbarer.

Mrs. Harwono schweigt eine Weile. »Indonesien braucht junge Menschen wie dich, Malia. Menschen, die ihr Land so sehr lieben, dass sie sich erheben, wenn sie etwas für Unrecht halten.«

»Ich liebe mein Land tatsächlich«, sage ich. »Aber ich muss mit meiner Mom nach Kanada ziehen. Doch ich werde zurückkommen.«

»Das glaube ich dir. Wahrscheinlich wirst du eines Tages zurückkehren und deine Liebe für dieses Land sinnvoll einsetzen.«

»Ich *werde* zurückkommen«, sage ich zu ihr. »Das verspreche ich Ihnen.«

ARI

Nach der Schule schaue ich im Internetcafé vorbei und hoffe auf eine Antwort von Malia Kusarto, aber mein Posteingang ist leer. Mein Schachteam wartet darauf, dass ich zur Trainingsstunde komme, aber ich bleibe im Café und recherchiere weiter über die Rettung von Orang-Utans. Schach ist im Vergleich zu meiner Sorge um Ginger Juice weniger wichtig geworden.

Ich rufe wieder die Rettungsorganisationen in Borneo und Sumatra auf, die ich schon entdeckt hatte. Es gibt eine schier unüberschaubare Menge an Informationen und mir schwirrt der Kopf.

Mein Magen verkrampft sich, als ich über den körperlichen und geistigen Verfall lese, der einsetzt, wenn Orang-Utans in Gefangenschaft gehalten werden. Bilder von Affen, die aussehen wie Ginger Juice, starren mich vom Computerbildschirm an und scheinen mich anzuflehen, ihnen zu helfen. Eine Website fordert die Leser auf, sich einmal vorzustellen, wie Menschen

167

reagieren würden, wenn sie ihr ganzes Leben in einem Käfig verbringen müssten. Die DNA von Menschen und Orang-Utans ähnelt sich so sehr, dass es als sehr wahrscheinlich gilt, dass sie das gleiche Maß an psychischem Leiden empfinden wie wir.

Meine Schläfen pochen, als ich mir die Telefonnummern der Organisationen notiere. Ich stecke den Zettel in meine Hosentasche und eile nach Hause zu Ginger Juice. Jedes Mal, wenn ich sie verlasse, sorge ich mich, wie ich sie vorfinden werde, wenn ich zurückkomme. Es beunruhigt mich nur noch mehr, wenn ich auf die Websites gehe und die Bilder von anderen Orang-Utans sehe.

MALIA

Ich bin nicht der Schule verwiesen worden! Am Ende
war alles doch nur ein Sturm im Wasserglas, genau
wie Hadi es gesagt hat. Mr. Ahmad hat alles in seiner
Macht Stehende getan, um die örtlichen Behörden zu
besänftigen, bis sie sich anscheinend sicher waren, dass
keine weiteren Störungen zu erwarten sind. Aber vielleicht hatte auch Oma etwas damit zu tun.

Trotzdem bewerte ich mein Verhalten nach dieser
Erfahrung nun anders. Ich habe beschlossen, dass ich
Schule und Aktivismus ab jetzt strikt trennen werde,
zum Schutz meiner Freundinnen und Lehrer.

Mom und ich haben beschlossen, unser Schul- und
Universitätsjahr hier zu Ende bringen und dann im
Mai nach Toronto zu ziehen. Mom hält es für eine gute
Idee, dass ich ein paar Monate in Toronto verbringe,
bevor die Schule im September losgeht. Sie nennt es
Akklimatisierung. Und wir können den Sommer in der
Familienhütte am See verbringen. Die Vorstellung, in

einem neuen Land zu wohnen, macht mir Angst. Aber wenn ich die Leichtigkeit in Moms Augen sehe bei der Aussicht darauf, wieder in der Nähe meiner Großeltern und Onkel zu sein, weiß ich, dass es das Richtige ist.

Als Mom die Nachricht bekam, dass ich wieder zur Schule gehen darf, habe ich sofort Putu geschrieben. Auf meine Entschuldigungs-E-Mail hat sie geantwortet, dass sie mir verzeiht, aber ihre Eltern immer noch Zeit brauchen, bis sich die Dinge so weit beruhigt haben, dass sie ihr wieder erlauben, sich mit mir zu treffen. Und sie hat zugegeben, dass sie vielleicht auch ein bisschen Zeit braucht.

Jetzt, wo ich offiziell nicht mehr auf der Liste der bösen Schüler stehe, hoffe ich, dass genug Zeit vergangen ist.

> Habe ich jetzt lange genug gebüßt?
> Können wir jetzt miteinander reden?

> Du bist immer gleich so dramatisch

> Also sind wir wieder Freundinnen?

> Als ob du etwas anderes zulassen würdest

> Du kennst mich einfach zu gut LOL

Ja, das tue ich

Buch besser schon mal ein Flugticket für deinen Besuch in Toronto

Du gehst also echt? ☹

Du hattest recht. Wie immer. Für meine Mom ist es das Beste

Du bist mutig, ich wünschte, ich wäre mehr wie du

Bitte bleib genauso, wie du bist. Wir ergänzen uns, vergiss das nicht

LOL ♡

Wenn du nach Kanada kommst, gehe ich mit dir Schlitten rutschen

Hör auf, dich über mich lustig zu machen!

Ich hab dich lieb

Ich dich mehr

Ich lege mein Handy weg und lächele vor mich hin. Es fühlt sich an, als wäre ein Stück meines Herzens wieder da, wo es hingehört.

Ich öffne meinen Laptop. Ich weiß, da sind noch andere Nachrichten, auf die ich antworten sollte. Sobald ich meinen Posteingang aufgerufen habe, fällt mir wieder die E-Mail von Ari Arjuna ins Auge. Ich war so abgelenkt von der Petition und Mrs. Harwono, dass ich sie völlig vergessen habe.

Ich öffne sie und lese die Nachricht.

Ari schreibt, dass er in Malang wohnt und auch in die siebte Klasse geht. Er war an meiner Schule für ein Schachturnier und ich habe ihm einen Ausdruck meiner Petition gegeben. Er möchte, dass ich ihm helfe, ein Orang-Utan-Weibchen zu retten, das im Restaurant seines Onkels lebt. Ihr Name ist Ginger Juice. Ari hat eine Telefonnummer dazugeschrieben, unter der man ihn erreichen kann. Ich nehme mein Handy und speichere sie ein.

ARI

Nang ruft mich aus der Küche und verkündet, ich hätte einen Anruf. Ich gehe hinein und nehme den Hörer.

»Hallo?«

Die Stimme eines Mädchens. Eine selbstbewusste Stimme. »Hi, Ari, hier ist Malia Kusarto. Du hast mir eine E-Mail geschrieben.«

»Malia. Hi«, sage ich. »Du bist es.« Ich bin überrascht. »Ich hatte mit einer E-Mail gerechnet, aber so ist es noch besser. Vielen Dank, dass du mich anrufst.«

»Na klar«, sagt sie. »Also, du hast einen Orang-Utan? In echt?«

»Ja ... aber es ist keine gute Situation. Sie muss gerettet werden.« Ich schlucke und wünschte, ich könnte so selbstbewusst wie Malia reden, aber das kann ich nicht. »Du scheinst eine Menge zu wissen ... über Orang-Utans«, fahre ich fort. »Darum dachte ich, du könntest uns vielleicht helfen.«

»Ja natürlich«, sagt sie. »Ich kann dir die Kontaktnummer eine Rettungsorganisation geben, die hier in Ostjava wirklich gute Arbeit leistet.«

»Ich habe auch recherchiert, aber ich bin mir nicht sicher, wo ich am besten anrufen soll«, gebe ich zu.

Wir vergleichen unsere Notizen zu den verschiedenen Organisationen und Malia schlägt schließlich eine vor, die sie für geeignet hält.

»Darf ich dich um einen Gefallen bitten, Ari?«, fragt sie dann.

»Klar«, sage ich.

»Dürfte ich bei der Rettung dabei sein? Ich würde dich super gerne kennenlernen und Ginger Juice sehen. Ich engagiere mich sehr für den Tierschutz. Ich wäre mega gerne bei einer Rettungsaktion dabei.«

»Das wäre toll«, antworte ich. »Ehrlich gesagt bin ich echt nervös. Mein Onkel wird ziemlich wütend auf mich sein, wenn er davon erfährt.«

»Ich weiß, wie sich das anfühlt«, sagt Malia. »Ich habe mir letztens auch ziemlichen Ärger eingehandelt. Ich unterstütze dich gerne. Du kannst auf mich zählen.«

Wir unterhalten uns noch eine Weile und meine Nervosität lässt nach. Malia hat eine willensstarke und doch ruhige Art an sich. Sehr beruhigend. Aber als ich ihr den Weg nach Malang beschreiben will, fällt sie mir ins Wort.

»Ich weiß, wo Malang ist, Ari«, sagt sie unwirsch. »Ich lebe schon mein ganzes Leben lang in Surabaya.« Ich lächele in mich hinein, als mir wieder einfällt, dass einer ihrer Mitschüler sie als rechthaberisch beschrieben hat.

Wir verabschieden uns und ich verspreche, mich wieder bei ihr zu melden, wenn ich ein Datum für die Rettung habe.

Das Gespräch mit Malia hat mir neuen Mut gegeben, die Orang-Utan-Organisation anzurufen. Fast ist es, als hätte etwas von ihrer Kühnheit auf mich abgefärbt. Zu wissen, dass sie hier sein wird, wenn es so weit ist, beruhigt mich, was seltsam ist, wo wir uns doch gar nicht gut kennen.

Ich suche die Telefonnummer der Organisation heraus, über die wir gesprochen haben, und kreise sie mit einem Stift ein. Ich werde sie morgen anrufen, wenn Onkel beim Freitagsgebet ist.

Ginger Juice ist jetzt schon seit Tagen nicht mehr unter dem Sarong hervorgekommen. Sie hat ihre Fellinspektion und -pflege komplett eingestellt und liegt reglos unter dem Tuch.

Es fällt mir schwer, mich auf die Hausaufgaben zu konzentrieren, und mein Schachteam habe ich auch im Stich gelassen. Weil ich so viele Übungsstunden verpasst habe, kam Yosef gestern zu mir und hat gesagt, dass ich meinen Platz beim Turnier verlieren werde, wenn ich weiter schwänze.

»Bitte gib Samir oder Melonie meinen Platz«, habe ich ihm gesagt. »Es tut mir leid.«

»Geht es dir nicht gut?«, hat Yosef mich gefragt. »Das ist der einzige Grund, aus dem wir eine Ersatzspielerin benennen dürfen.«

»Ob es mir nicht gut geht? Ja«, antworte ich. »Man kann definitiv sagen, dass es mir nicht gut geht.«

Ich gehe jetzt zum Käfig von Ginger Juice und laufe einmal um ihr Gehege herum. Mein Alltag wurde auf den Kopf gestellt. Nichts fühlt sich mehr normal an. Ich kann nicht ruhen, bis ich sie aus diesem Käfig herausbekomme. Ich fühle mich selbst wie gefangen, gefangen in meinen Sorgen. Ich beginne zu begreifen, dass kein Lebewesen eingesperrt sein sollte. Außerdem fasse ich den Entschluss, auch einen guten Platz für Elvis Presley zu finden.

Es geht mir allerdings etwas besser, da ich weiß, dass ich jetzt in Malia Kusarto eine Freundin gefunden habe.

GINGER JUICE

Verstecken. Unter dem Teil, das Langsamer-Lori-Junge mir gegeben hat. Das Teil verbirgt mich wie ein großes Taro-Blatt. Riecht nach Mensch, aber hilft mir zu verschwinden.

Besser hier im Dunkeln, wo Nebelschleier kommt und mich fortbringt. Hier drunter sehe ich nicht die Gitterstäbe vom Käfig. Hier drunter sehe ich nicht Menschen kommen und mir wehtun.

Hier drunter kann ich vielleicht verschwinden aus dem Käfig. Zwischen den Stäben hindurchschlüpfen und rollen, rollen, rollen über Gras. Duft von Erde und Blättern riechen.

Im Dunkeln bleiben und mich forttragen lassen von Nebelschleier.

Im Dunkeln ist es egal, dass meine Arme schwach sind, mein Körper langsam. Und die Angst, die sich wie Termiten in tote Baumstämme wühlt, geht weg.

Ich bin müde. So müde, *Ibu*. So müde, an diesem

Ort zu leben. Ich bleibe hier drunter, bis meine Augen sich nicht mehr öffnen. Vielleicht finde ich dich in der Dunkelheit. Ich weiß nicht, wo ich sonst nach dir suchen soll.

ARI

Es ist Freitag. Ich teile Onkel mit, dass ich mich nicht gut fühle und nicht mit ihm zur Moschee gehe. Er sagt mir, ich soll mich hinlegen, und verlässt das Restaurant. Nang kümmert sich um die wenigen Kunden, die für ein spätes Mittagessen vorbeigekommen sind. Sobald Onkel gegangen ist, gehe ich ins Büro des Restaurants und setze mich an den Schreibtisch. Hier mache ich normalerweise die Buchhaltung. Mein Herz hämmert in meiner Brust, als ich den Telefonhörer abnehme. Ich hole den Zettel mit der Nummer hervor und wähle. Malias ungestümer Blick blitzt vor meinem inneren Auge auf und versorgt mich mit einem Schub Mut.

»Hallo? Hallo? Ist da jemand?« Am anderen Ende der Leitung hat jemand abgehoben und ich habe den Hörer einfach in der Hand gehalten und nichts gesagt.

»Ja. Hallo. Mein Name ist Ari Arjuna. Ich rufe aus Malang in Ostjava an.«

»Wie kann ich dir helfen, Ari?« Es ist eine Frauenstimme. Sehr ruhig und freundlich.

»Ich möchte Sie über einen Orang-Utan informieren, der als Haustier gehalten wird«, sage ich. »Nein. Nicht wirklich als Haustier. Nicht mehr. Sie wird als Attraktion zur Schau gestellt. Sie wird in einem Käfig gehalten.« Ich hole Luft. »Sie muss gerettet werden.« Ich mache eine Pause. »Ich möchte, dass sie ein besseres Leben hat.«

Von da an geht alles rasend schnell. Die Frau teilt mir mit, dass sie meinen Anruf zu der Person durchstellt, die sich um Orang-Utan-Rettungen kümmert, und das tut sie dann auch. Diesmal ist ein Mann am Telefon. Er sagt mir, dass er genaue Informationen braucht, um ein Rettungsteam losschicken zu können.

Meine Stimme zittert, als ich ihm unsere Adresse gebe. »Mein Onkel ... er wird doch keinen Ärger bekommen, oder?«

»Nicht, wenn er kooperiert.«

»Was, wenn er das nicht tut?«, frage ich.

Der Mann schweigt einen Moment. »Die Tierärztin, die zum Rettungsteam gehört, wird deinem Onkel erklären, dass er gegen das Gesetz verstößt, wenn er einen Orang-Utan hält. Dann wird er kooperieren müssen. Sie werden ihm erklären, dass es gefährlich ist, ein wildes Tier als Haustier zu halten, sowohl für das Tier als auch für den Menschen, der Kontakt mit ihm hat.

Es ist wichtig, dass dein Onkel das versteht, damit er es nicht wieder tut. Ein Polizist wird das Team begleiten und sicherstellen, dass alles glattläuft.«

Der Mann stellt mir noch eine Menge Fragen über Ginger Juice, wie alt sie ist, wie sie aussieht, ob sie gesund ist, was für Essensgewohnheiten sie hat.

»Du tust das Richtige, Ari«, sagt er. »Die Bedingungen, unter denen sie lebt, sind nicht akzeptabel. Orang-Utans sind extrem intelligente Affen. Es ist sehr wahrscheinlich, dass sie sowohl unter geistigem als auch körperlichem Verfall leidet. Sie kann sich nicht ausreichend bewegen, also verliert sie Muskeln, und wahrscheinlich ist sie übergewichtig. Das kann zu Diabetes führen. Wir werden dafür sorgen, dass sie die nötige Hilfe bekommt.«

Als ich ihm erkläre, dass die Käfigöffnung zu klein für sie ist und sie nicht hindurchpasst, sagt er, dass sie sie betäuben und mit einer Kettensäge die Gitterstäbe durchsägen werden.

»Leider hat das Rettungsteam das schon viele Male zuvor tun müssen«, sagt er. »Viele Menschen wissen nicht, was sie machen sollen, sobald ein Orang-Utan nicht mehr das kleine, kuschelige Baby ist. Orang-Utans in einen Käfig zu stecken, scheint erst mal eine gute Lösung zu sein, bis sie zu groß für den Käfig werden. Dann werden wir oft gerufen.« Er macht eine Pause. »Wilde Tiere sind keine Haustiere.«

»Ich weiß. Ich weiß, dass es falsch ist, was wir getan

haben«, sage ich zu ihm und schmecke Salz auf meinen Lippen von den Tränen, die mir die Wangen hinunterlaufen. »Aber ... ich werde sie vermissen.«

Die Tage vergehen quälend langsam, bis ich endlich eine E-Mail von der Orang-Utan-Organisation bekomme. Sie haben ein Rettungsteam in meiner Gegend mobilisiert und einen Termin festgelegt. Sie werden am frühen Abend eintreffen. Darum hatte ich gebeten, weil ich nicht wollte, dass die Rettung stattfindet, während das Restaurant geöffnet ist. Ich kann Onkel zumindest die peinliche Situation ersparen, dass das Ganze unter den Augen seiner Kundschaft passiert.

Ich habe jetzt einen Vorgang ins Rollen gebracht, der nicht mehr aufzuhalten ist. Einen, bei dem mein Onkel – je nachdem, wie er reagiert – im Gefängnis landen könnte.

MALIA

Mom und ich beschließen, einen Wochenendausflug nach Bali zu machen.

In Bali wohnen wir immer in einem *Losmen* in den Bergen bei Ubud. Meine Erlebnisse auf dieser beliebten Urlaubsinsel haben nichts mit Surfen und Stränden zu tun, sondern mit smaragdgrünen Reisterrassen und Bananenpfannkuchen.

Meine Eltern haben den *Losmen* entdeckt, bevor ich geboren wurde, und wir waren so oft dort, dass es mir vorkommt, als wäre es unser eigenes Ferienhaus. Das Gästehaus ist eine schlichte Villa in balinesischem Stil mit einem überdachten Pavillon, von dem aus man über eine tiefe Schlucht blickt, durch die sich der Fluss Ayung nach unten schlängelt. Der *Losmen* gehört einer balinesischen Familie, die in einem moderneren Haus an der Straße im vorderen Teil des Grundstücks wohnt. Den *Losmen* vermieten sie, um Geld zu verdienen.

Wenn ich schlicht sage, dann meine ich schlicht. Im

Bad gibt es ein traditionelles *Mandi*, ein Becken mit kaltem Wasser und einem kleinen Eimer, um sich abzuduschen. Es gibt kein WLAN und kaum genug Strom für die Deckenventilatoren. Häufig kann man nicht gleichzeitig Lampe und Deckenventilator einschalten. Unsere Zeit dort verbringen wir mit Lesen, Brettspielen und Fahrradtouren ins Dorf, um die Handwerksmärkte und die Garküchen zu erkunden. Wenn man das Gästehaus mietet, ist das Frühstück inbegriffen, was ich immer das Beste an unserem Aufenthalt fand. Ein Familienmitglied der Gastgeber bringt ein Tablett mit Bananenpfannkuchen und Bechern voller dickflüssigem, süßem, schwarzem balinesischem Kaffee. Die Pfannkuchen sind unbeschreiblich gut. Fluffig und leicht mit warmen, weichen Bananenstückchen und knusprigen Kokosnussraspeln. Ich habe Mom einmal gefragt, ob Bibi sie nicht für uns zu Hause machen könnte, aber sie hat gesagt, es wäre nicht dasselbe, sie zu Hause zu essen. Sie sind besonders magisch, weil man sie in der Morgensonne auf den runden Sitzkissen im Pavillon mit Blick auf die Reisterrassen auf der anderen Seite der Schlucht isst.

Für einen kurzen Augenblick leuchten die üppigen Felder und die Palmen golden auf, bevor sie wieder ihr Alltagsgrün annehmen. Wie so oft segelt ein Schwarm weißer Stare anmutig die Schlucht hinab, und es sieht aus, als würden sie in Zeitlupe dahinfliegen.

Seit ich alt genug dafür bin, fahre ich alleine mit dem Fahrrad ins Dorf. Ich liebe es, den Nachmittag im Affenwald zu verbringen. Es ist, als würde man Rudyard Kiplings *Dschungelbuch* betreten: verfallene Steinmauern, Lianen und moosbedeckte Statuen, die von hyperaktiven Affen bevölkert sind. Es scheint, als würden sich alle Affen in diesem Wald danach sehnen, im Rampenlicht zu stehen. Der Affenwald in Ubud ist eine beliebte Touristenattraktion, daher haben die übermütigen Makaken stets Publikum. Sie unterhalten die Zuschauer, indem sie ihnen ihre winzigen Affenbabys vorführen oder ihnen die Kameras klauen.

Der Affenwald hat mein Interesse an Orang-Utans geweckt. Ein ehrenamtlicher Mitarbeiter von einer Rettungsorganisation hat Broschüren verteilt und auf Spenden der affenliebenden Touristen gehofft. Auf der Website der Organisation erfuhr ich von der traurigen Lage der Orang-Utans, der einzigen Menschenaffen außerhalb Afrikas, die direkt hier, quasi in unserem Hinterzimmer, leben. Es hat dazu geführt, dass ich stundenlang im Internet gelesen und recherchiert habe.

Daher ist es nur logisch, dass mir hier auf Bali, während ich vor meinem Bananenpfannkuchen sitze und den Blick über die goldene Schlucht schweifen lasse, die Idee kommt, einen eigenen Blog anzufangen. Einen Blog darüber, wie man den Orang-Utans helfen kann, einen Blog über Indonesiens wunderschöne und gefährdete Umwelt. Plötzlich macht alles total Sinn. Auch wenn ich woanders lebe, kann ich weiter Aktivistin sein. Ich kann dieses Land auch aus der Ferne lieben.

ARI

Ein paar verspätete Kunden essen am Nachmittag noch ihre Suppe auf. Onkel und Nang spülen Schüsseln in der kleinen Küche. Bald werden beide nach dem Morgen- und Mittagsandrang eine Pause einlegen. Aber ich weiß, dass es für Onkel heute keine Pause geben wird. Heute ist der Tag der Rettung.

Nach der Schule setze ich mich neben den Käfig von Ginger Juice, so wie schon seit ein paar Wochen. Sie zieht sich immer noch den Sarong über den Kopf. Ich kann mich nicht erinnern, wann ich sie zum letzten Mal etwas habe essen sehen. Ich stecke meine Hand durch die Gitterstäbe und streichele sanft ihren Fuß. Sie zieht ihn nicht zurück, aber sie reicht mir auch nicht die Hand wie früher. Die brutalen Kerle, die ihr wehgetan haben, haben uns dieser kleinen Freude beraubt.

»Halt noch ein bisschen durch«, flüstere ich ihr zu. »Heute werden wir uns verabschieden. Heute wirst du

187

eine Reise in ein neues Leben antreten. In ein besseres Leben.« Ich halte inne und warte, ob sie unter ihrem Sarong zu mir herüberspäht, aber sie dreht ihr Gesicht von mir weg.

»Es tut mir leid, Ginger Juice. Es tut mir leid, dass wir dir kein besseres Leben gegeben haben. Du hättest nie hier sein dürfen. Das begreife ich jetzt.« Ich streichele immer noch ihren Fuß. »Ich werde immer an dich denken und dafür beten, dass du ein gutes, gesundes Leben führst. Ich werde dich vermissen.«

Ein leiser Donner grollt wie eine Warnung. Graue Wolken bauschen sich am Himmel auf und schließen sich wie ein fallender Vorhang. Ich sehe immer wieder zum Eingang des Restaurants und halte Ausschau nach Malia. Ich habe sie angerufen, sobald ich das Datum für die Rettung erfahren hatte. Sie sagte, sie sei auf dem Heimweg von Bali und dass der Chauffeur ihrer Oma sie vorbeibringen würde. Ich behalte den Eingang im Auge und hoffe, dass sie noch vor dem Rettungsteam eintrifft. Schwere Regentropfen platschen laut auf die Steinfliesen. Ich stehe auf und ziehe die Haube über Elvis Presleys Käfig, damit er nicht nass wird. Er zwitschert eine Melodie, die ich nicht erkenne, kein Menschenlied, eher das Lied eines Wildvogels.

Jemand tippt mir auf die Schulter und reißt mich aus meinen Gedanken. Und wie durch Zauberhand ist sie hier, steht vor mir. Das beeindruckende Mädchen mit dem intensiven Blick. Ihre Augen funkeln.

»Hi, Ari«, sagt sie. »Ich bin Malia.« Sie streckt mir eine Hand entgegen und ich schüttele sie. Ihr Griff ist fest, ihre Hände sind weich.

»Schön, dich kennenzulernen«, sage ich. »Danke, dass du gekommen bist.«

»Ich hoffe, ich bin nicht zu spät. Die Fahrt hat länger gedauert, als ich dachte«, sagt sie mit einem schiefen Lächeln.

»Du bist rechtzeitig. Das Rettungsteam ist noch nicht da.« Ich zeige auf den Käfig von Ginger Juice. »Sie ist immer noch da, wie du siehst.«

Wir gehen zu ihrem Käfig, und Malia zieht scharf die Luft ein, als ich auf Ginger Juices Fuß zeige, der unter dem Sarong hervorlugt. Sie lässt ihren Blick über die große Gestalt unter dem Tuch wandern und ihr treten Tränen in die Augen. »Ist sie krank?«, fragt sie.

»Ich weiß es nicht. Seit dem Angriff kommt sie nicht mehr unter dem Sarong hervor.«

»Angriff?« Malia sieht blass aus. »Sie wurde angegriffen? Was ist passiert?«

»Ein paar Leute sind nachts hier eingedrungen und haben Bier über sie geschüttet. Außerdem haben sie sie mit einer Zigarette verbrannt.« Ich sehe zu Boden, kann ihr nicht in die Augen schauen. »Darum habe ich mich bei dir gemeldet. Weil ich endlich begriffen habe, dass sie Hilfe braucht.« Eine Weile stehen wir schweigend neben dem Käfig von Ginger Juice. »Ich weiß, was wir getan haben, ist schlimm.«

Malia berührt kurz meine Hand. »Aber jetzt tust du etwas Gutes«, sagt sie. »Das ist das Wichtigste.«

Ich schaue zum Restaurant und sehe, wie Onkel immer noch Teller und Besteck von den leeren Tischen abräumt.

»Mein Onkel wird dir da nicht zustimmen, aber ich glaube, du hast recht.« Ich lächele sie kurz an. »Danke, dass du hier bist.« Ich führe sie zu der überdachten Ecke des Restaurants. »Gehen wir aus dem Regen.«

Und dann, ohne Warnung, geht es los. Eine Prozession von Menschen mit grünen T-Shirts, auf denen das Logo der Orang-Utan-Rettung zu sehen ist, marschiert ins Restaurant. Das Schlusslicht bildet ein Polizist in Uniform. Eine Frau führt die Gruppe an und streckt meinem Onkel ihre Hand entgegen.

»Guten Tag, Sir. Mein Name ist Dr. Indrani Winarto und ich bin Tierärztin. Sind Sie der Besitzer dieser Einrichtung?«

»Ja«, sagt er. »Worum geht es?«

»Wir sind vom Ortsverband der Orang-Utan-Rettung und sind informiert worden, dass hier ein Orang-Utan gesetzeswidrig festgehalten wird.«

Eindeutig überrascht wirbelt Onkel herum. »Nein«, sagt er, »das ist nicht wahr! Sie gehört mir. Ich habe sie gewonnen, fair und anständig. Da können Sie jeden fragen!« Er reißt seine Arme hoch und gestikuliert theatralisch. »Alle hier wissen, dass sie mir gehört.« Er macht einen bedrohlichen Schritt auf die Tierärztin zu. »Gehen Sie!«

Der Polizist tritt am Ende der Gruppe hervor, sodass Onkel ihn sehen kann.

Dr. Winarto fährt mit fester, aber freundlicher Stimme fort: »Wir verstehen, dass Sie das überrascht, aber einen Orang-Utan in Gefangenschaft zu halten, ist illegal.«

»Illegal?«, sagt er. »Nein, das kann nicht sein. Ich habe sie gewonnen von ...« Onkel bricht ab. Wahrscheinlich überlegt er sich, ob er seinen Armeekumpel belasten sollte.

»Orang-Utans sind wilde Tiere, keine Haustiere«, sagt Dr. Winarto. »Es ist unsere Pflicht, das Tier heute mitzunehmen. Wir werden es in ein Rehabilitationszentrum bringen, wo es medizinisch versorgt wird, bevor wir es in eine Auffangstation nach Sumatra schicken.«

Onkel Kus lässt sich auf einen der Restaurantstühle plumpsen. Er sieht niedergeschlagen und verängstigt aus, als der Polizist auf ihn zukommt.

Der Polizist stellt sich vor ihn. Er ist mit einem Gewehr bewaffnet. »Wir möchten hier heute keinen Ärger haben, Sir«, sagt er. »So wie ich das verstehe, wussten Sie nicht, dass Sie etwas Illegales getan haben. Wenn

Sie mit dem Rettungsteam kooperieren, werden wir keine weiteren Maßnahmen ergreifen.« Er macht eine Pause. »*Wenn* Sie kooperieren«, betont er noch einmal deutlich.

»Ich verstehe, natürlich«, murmelt Onkel, auch wenn ihm gar keine andere Wahl bleibt, wenn er sich keinen Ärger mit den Behören einhandeln will. »Ich werde kooperieren.« Mit der Hand macht er eine Bewegung in Richtung von Ginger Juices Käfig. »Nehmen Sie sie mit. Sie haben meine Erlaubnis.«

Der Polizist winkt dem Rettungsteam, dass sie beginnen können, und nickt Onkel zu. »Danke für Ihre Kooperation, Sir. Bitte bleiben Sie hier sitzen, während das Rettungsteam seine Arbeit erledigt. Danach werden wir Sie in Ruhe lassen.«

Onkels Miene bleibt angespannt und er sitzt steif auf seinem Stuhl.

Malia und ich stehen ein paar Meter entfernt und beobachten, was nun passiert. Ich rechne damit, dass Onkel mich gleich anschuldigend anstarrt, aber das tut er nicht. Er hat immer noch keine Ahnung, dass ich hinter der Meldung stecke.

Mitglieder des Rettungsteams stehen im Regen, begutachten den Käfig von Ginger Juice und überlegen, was zu tun ist, um ihn zu öffnen. Dr. Winarto stellt sich zu ihnen, greift durch die Gitter und zieht den Sarong sanft von Ginger Juice weg. Sie liegt auf ihrem

Bauch, ihr Kopf ruht auf ihren verschränkten Armen. Die Tierärztin spricht mit ihr, als hätte sie eine lang verloren geglaubte Freundin wiedergefunden. Ein · ehrenamtlicher Mitarbeiter hält einen großen Regenschirm über Dr. Winarto, um zu verhindern, dass sie durchnässt wird. Ich sehe, wie Ginger Juice kurz die Augen öffnet und ihren Kopf dann gleich darauf wieder in ihrer Armbeuge vergräbt. Dr. Winarto spricht weiter sanft zu ihr, während sie ihr eine Spritze gibt, von der ich weiß, dass sie ein Betäubungsmittel enthält. Sie streichelt Ginger Juices Arm, spricht weiterhin leise mit ihr und wartet darauf, dass das Betäubungsmittel wirkt.

Onkel sitzt immer noch auf seinem Stuhl und blickt erstaunt drein. Eine Frau aus dem Team geht zu ihm hinüber. Sie legt eine Broschüre auf den Tisch und erzählt ihm, wie es jetzt mit Ginger Juice weitergehen wird. Der Polizist zieht sich zurück, da er sieht, dass von Onkel keine Gefahr droht.

»Können wir auch zuhören?«, frage ich.

»Natürlich«, sagt die Frau. »Mein Name ist Dian. Ich arbeite ehrenamtlich für die Orang-Utan-Rettung. Ich erzähle deinem Vater gerade ...«

»Meinem Onkel«, falle ich ihr ins Wort.

»... deinem Onkel, was jetzt mit dem Orang-Utan passieren wird.«

Onkel steht plötzlich auf, anscheinend hat er sich an

seine Manieren erinnert, und bietet sowohl Malia als auch Dian einen Stuhl an.

»Bitte, setzen Sie sich«, sagt er. »Möchten Sie einen Tee? Wir können euch unser Spezialgetränk machen.«

»Nein danke«, sagt Dian. Sie dreht sich wieder zu mir. »Wie ich deinem Onkel gerade sagte, ist das Orang-Utan-Weibchen betäubt worden, damit wir sie aus ihrem Käfig holen können. Dann werden wir sie in eine sichere Kiste im Truck bringen. Während der Fahrt werden wir ihre Vitalwerte überwachen. Dr. Winarto wird sie untersuchen und dann entscheiden, ob sie medizinisch versorgt werden muss. Je nachdem, in welcher Verfassung sie ist, wird sie in eine Auffangstation gebracht.«

»Wird man sie auswildern?«, fragt Malia.

»Das ist letztendlich das Ziel unserer Organisation«, sagt die ehrenamtliche Mitarbeiterin, »aber bis es so weit ist, kann das Jahre dauern. Sie hat nicht lange in der Wildnis gelebt und wir müssen sie erst an die Dschungelumgebung gewöhnen. Sie wird lernen müssen, wieder ein Orang-Utan zu sein, Nahrung zu finden, an Wasser zu kommen, auf Bäume zu klettern, Nester zu bauen und mit anderen Orang-Utans auszukommen. Das sind alles wichtige Fähigkeiten, die sie erneut lernen muss, um in der Wildnis zu überleben. Aber hoffentlich wird sie eines Tages wieder frei sein.«

»Ich wusste nicht, dass es Organisationen gibt, die

sich um so etwas kümmern. Das ist gut«, sagt Onkel zu der ehrenamtlichen Helferin. »Wir haben unser Bestes gegeben, müssen Sie wissen. Als sie noch klein war, haben wir sie wie ein echtes Baby behandelt. Erst später, als sie größer wurde ... sie war so stark. Ich hatte Angst, dass ihr etwas passieren könnte.« Er schüttelt den Kopf. »Vielleicht hätte ich sie schon vor langer Zeit zu Ihnen schicken sollen.«

Ich traue meinen Ohren kaum. Ich bin mir nicht sicher, ob Onkel das nur sagt, um das Gesicht vor der ehrenamtlichen Helferin zu wahren, oder ob er es ernst meint. Womöglich ist Onkel sich selbst auch nicht sicher.

»Darf ich Sie etwas fragen?«, sagt er zu Dian und sie nickt. »Wer hat Sie angerufen und Ihnen erzählt, dass hier ein Orang-Utan lebt? War es ein Kunde? Alle meine Gäste lieben sie sehr.«

Mein Herz schlägt mir bis zum Hals. Onkel kann meine Schuldgefühle bestimmt in meinem Gesicht ablesen.

»Diese Information dürfen wir nicht weitergeben«, antwortet Dian. »Tut mir leid.«

Das Geräusch einer Kettensäge unterbricht unser Gespräch.

Wir stellen uns alle in sicherer Entfernung vom Käfig auf, während das Team die Gitterstäbe durchtrennt. Malia macht Fotos mit ihrem Handy. Die Tierärztin hält ein Stethoskop an Ginger Juices Brust. Durch das Betäubungsmittel in Schlaf versetzt, liegt sie schlaff da. Ich bin froh, dass ihr der Lärm und das Trauma durch den Transport erspart bleiben. Nachdem der Käfig aufgebrochen wurde, sind mehrere Leute aus dem Team nötig, um sie auf die Trage zu heben. Ehrfürchtig sehe ich zu. Außerhalb des Käfigs scheinen sich ihre Größe und ihre Masse verändert zu haben. Sie sieht so viel größer aus. Ich werfe einen Blick zu Onkel, der sichtlich mitgenommen aussieht.

»Alles wird gut«, sage ich zu ihm. »Sie wird an einen besseren Ort gebracht. Sie verdient ein besseres Leben als dieses hier. Es war höchste Zeit.«

Plötzlich huscht die Erkenntnis meines Verrates über sein Gesicht. Jetzt weiß er, dass ich es war. Nun hat er restlos begriffen, was ich getan habe, und ich mache mich auf seinen Zorn gefasst.

MALIA

Niemand widerspricht, als ich mein Handy raushole und die Befreiung von Ginger Juice dokumentiere. Es regnet immer noch in Strömen. Ich mache, so gut es geht, Fotos, während man sie aus dem Käfig hebt. Sie ist immer noch betäubt, als sie auf eine große Trage gelegt wird. So nah an einem Orang-Utan wird mir ganz ehrfürchtig zumute. Sogar schlafend ist sie ein erstaunliches Lebewesen. Die Rettungsaktion bestärkt mich darin, noch mehr Tiere wie sie retten zu wollen.

Ich gehe zu dem überdachten Bereich zurück, um mit Ari zu reden, aber er steht bei seinem Onkel. Ari sieht verzweifelt aus, und ich wünschte, ich könnte etwas tun oder sagen, um seine Sorgenfalten zu glätten.

Ich bemerke, dass Dian etwas abseits steht, und ergreife die Gelegenheit, um außer Hörweite mit ihr zu reden.

»Darf ich einen Ihrer Flyer mitnehmen?«, frage ich.

»Ich bin sehr interessiert am Aktivismus für Orang-Utans.«

»Na klar«, sagt sie und reicht mir den Prospekt. »Das ist gut zu wissen. Wir brauchen jede Hilfe, die wir kriegen können. Bist du eine Freundin der Familie?«

»Nein. Ich habe Ari durch eine Petition kennengelernt, die ich gegen das Verbot von ›Palmölfrei‹-Etiketten gestartet habe.«

»Oh, dann bist du also wirklich eine von uns.« Sie grinst.

Ginger Juice wird gerade vorsichtig in den Rettungswagen geladen. Ari steht inzwischen neben dem Fahrzeug und passt auf sie auf. Ich deute auf die Szene vor uns. »Was glauben Sie, wie so etwas sein kann?«, frage ich leise. »Ich meine, Hunderte von Menschen müssen dieses *Warung* besucht und Ginger Juice in ihrem Käfig gesehen haben. Wie kann es sein, dass niemand etwas unternommen hat, um ihr zu helfen?«

Dian schüttelt traurig den Kopf. »In diesen kleinen Dörfern kommt das häufig vor. Wenn ein Tier in aller Öffentlichkeit gehalten wird, gehen die Menschen davon aus, dass daran nichts falsch sein kann und gut für das Tier gesorgt wird. Sie machen sich nicht bewusst, was für Folgen es hat, ein wildes Tier im Käfig zu halten.« Sie beugt sich näher zu mir. »Außerdem glaube ich, dass viele der hier ansässigen Armeeangehörigen zur Kundschaft dieses *Warung* zählen. Bestimmt wollte auch deshalb niemand irgendwelchen Ärger anfangen. Auch das ist typisch. Wir treffen häufig auf Orang-Utans, die von Angehörigen der Armee gehalten werden. Sie sehen es als Statussymbol.« Sie macht eine Pause. »Aber es braucht nur eine einzige Person, die beschließt, etwas zu unternehmen – nur eine Person, die einen Anruf tätigt.«

»Also stimmt es tatsächlich«, sage ich. »Eine einzige Person kann einen Unterschied machen.«

»Ja«, sagt sie. »Aber mehr Menschen zu haben, ist trotzdem besser.«

Auf dem Heimweg bleibt der Mercedes wegen einer Überflutung stecken. Die schweren Regenfälle haben die Hauptstraße von Malang nach Surabaya unpassierbar gemacht. Gamin macht seine Sache gut und steuert den Mercedes durch Hintergassen und über unbefestigte Straßen. Das Regenwasser steht beängstigend hoch.

»Woher kennst du diese Seitenstraßen so gut?«, frage ich ihn.

»Ich bin in der Nähe von Malang aufgewachsen«, sagt er. »Ich kenne die Straßen hier. Aber für dieses Auto sind sie nicht wirklich geeignet.« Er schüttelt den Kopf. »Es wäre besser gewesen, wenn wir mein Motorrad genommen hätten.«

Ich lächele in mich hinein. Er hat recht, aber Oma

hätte mir nie erlaubt, hinten auf einem Motorrad mit-
zufahren. Zum Glück bleibt der Mercedes über dem
Wasser, aber wir kommen nur langsam voran. Ich lasse
die Autoscheibe herunter und sehe zu, wie die Dorf-
kinder auf der Straße spielen, die sich in einen kleinen
Fluss verwandelt hat. Das Regenwasser reicht ihnen bis
an die mageren Knie. Ich sehe zu, wie sie lachen, sich
gegenseitig mit dem braunen Wasser nass spritzen,
und lasse den Tag Revue passieren. Es war spannend,
aber auch sehr aufwühlend und verwirrend.

Als ich am *Warung* eintraf, hat es mir das Herz ge-
brochen, dieses prächtige Geschöpf in so einem kleinen Käfig zu entdecken. Doch beim Anblick von Aris
freundlichem Gesicht mit seiner gequälten Miene habe
ich es mir verkniffen, so offensichtliche Dinge zu sagen
wie: »Das ist ja furchtbar. Wie konntest du das tun?
Wie konntest du dieses Tier so leiden lassen?« Als er
mir von dem schrecklichen Angriff erzählte, konnte ich
deutlich sehen, wie schuldig er sich fühlte, und es wäre
gemein gewesen, ihm Vorwürfe zu machen. Stattdessen habe ich versucht, tröstliche Worte zu finden, und
gehofft, dass sie ihm vielleicht helfen.

Aris Onkel schien eigentlich ein ganz netter Mann
zu sein. Es ist nur schwer nachvollziehbar, wie er sich
einen Orang-Utan als Haustier halten konnte. Ich
habe zugehört, als er die Situation schilderte, warum
er Ginger Juice in einen Käfig gesteckt hat, und ich bin

immer noch nicht sicher, was ich davon halten soll. War es Faulheit? Unwissenheit? Hat er einfach nur nicht verstanden, dass sie ein besseres Leben hätte haben können, dass sie zu einer Auffangstation hätte geschickt werden können, um vielleicht eines Tages in die Wildnis zurückzukehren? An Aris verwirrtem Gesichtsausdruck konnte ich ablesen, dass er sich über die Motivation seines Onkels selbst nicht im Klaren war.

Bevor ich ging, habe ich mich noch bei Ari bedankt, dass ich dabei sein durfte.

»Das alles ist überhaupt nur dank deiner Petition passiert«, sagt er. »*Ich* sollte mich bei dir bedanken.«

Ich hoffe, Ari weiß, wie mutig ich ihn finde. Ich wollte es ihm sagen, aber der Tag war so hektisch.

Ich winke den Dorfkindern zum Abschied zu, als das Auto endlich auf eine trockene Straße abbiegt. Wir fahren jetzt wieder schneller in Richtung Surabaya, und ich fühle mich gut, weil meine Petition doch noch etwas Positives bewirkt hat. Ich habe zwar nur eine sehr kleine Rolle bei der Rettung von Ginger Juice gespielt, aber ich bin trotzdem stolz auf meinen Anteil daran. Und im Geiste habe ich meinen ersten Blogpost bereits geschrieben. Ich weiß ganz genau, wem ich ihn widmen werde.

ARI

Es ist vorbei. Malia ist gegangen und das Rettungsteam ist mit Ginger Juice weggefahren. Onkel Kus und ich sind übrig geblieben und betrachten den leeren, kaputten Käfig.

»Elvis Presley wird auch abgeholt«, sage ich zu Onkel. »Ich habe eine Auffangstation für Vögel in Batubulan gefunden. Sie werden ihn noch diese Woche abholen.«

Onkel sagt kein Wort. Ich hatte damit gerechnet, dass er seiner Wut freien Lauf lassen wird. Sein Schweigen macht mich nervös. Ich fülle die Stille mit Geplapper und hoffe, alles, was ich ihm sagen möchte, loszuwerden, bevor er in die Luft geht.

»Es tut mir leid, Onkel. Ich hoffe, du empfindest mich nicht als respektlos, aber ich konnte das Leid von Ginger Juice nicht mehr länger ertragen. Es hat sich mehr und mehr in mir aufgestaut, seit ich hierherkam und sie in ihrem Käfig gesehen habe. Es hat sich nicht richtig angefühlt. Ihre Augen haben sich in mich gebohrt, wenn sie mich beobachtet hat. Und dann ... und dann«, stammele ich. »Nach dem Vorfall, bei dem sie verbrannt wurde, wusste ich, dass sie gerettet werden muss.«

»Wie hätte ich das wissen sollen?«, fragt er. Er reibt sich die Augen, aber sie bleiben trocken. »Wie hätte ich wissen sollen, dass es Menschen gibt, die sich besser um sie kümmern können? Ich dachte, wir hätten unser Bestes getan. Warum hast du nicht zuerst mit mir gesprochen? Wie konntest du das tun, ohne vorher zu mir zu kommen?«

Ich mustere das Gesicht meines Onkels. Er sieht gedemütigt aus. Er ist verstört, aber nicht wütend.

»Weil ich wusste, dass du Nein sagen würdest«, sage ich.

Onkel sieht kurz weg. Er weiß, dass ich recht habe.

»Ich habe Informationen darüber in einer Petition gefunden«, fahre ich fort. »Die Petition habe ich gefunden, als ich zum Schachturnier nach Surabaya gefahren bin. Sie war von dem Mädchen, das hier war. Malia.«

»Das *Bule*-Mädchen?«

»Sie ist keine Ausländerin, sie lebt schon ihr ganzes Leben hier. Ihre Mutter ist Kanadierin, ihr Vater Indonesier. Sie engagiert sich sehr für die Rettung von Orang-Utans.«

Onkel betrachtet das zerstörte Gehege.

»Ich werde dir helfen, diesen Käfig wegzubringen.

Wenn morgen früh Kundschaft kommt, wird er nicht mehr hier sein. Du kannst ihnen erzählen, dass Ginger Juice in den Dschungel zurückgekehrt ist, wo sie hingehört.«

Seine Miene hellt sich auf bei der Aussicht, vor seinen Kunden das Gesicht wahren zu können. »Ja. Ja. Ich kann ihnen erzählen, dass ich sie ihrer Gesundheit zuliebe den Leuten von der Auffangstation gegeben habe. Zu ihrem Besten.« Er macht eine Pause. »Ich wollte immer nur das Beste für sie.«

Ich bin mir echt unsicher, ob er selbst glaubt, was er da sagt. Aber so viel ist sicher: Er will unbedingt, dass *ich* es glaube, und er will auch unbedingt, dass seine Kunden es glauben.

»Natürlich«, sage ich. »Ich weiß, wie sehr sie dir am Herzen lag.«

»Ja«, nickt er. »Ja, das hat sie. Sie lag uns allen am Herzen.« Er hält die Broschüre in der Hand, die Dian ihm gegeben hat. »Wusstest du, dass schon viele Orang-Utans wieder im Dschungel freigelassen wurden? Ich werde meinen Freunden davon erzählen.« Er wedelt mit dem Prospekt. »Alle sollten davon erfahren. Alle sollten diese Information haben.«

Ich nicke zustimmend.

»Ich habe es nicht verstanden«, sagt er und schüttelt den Kopf. »Ich habe es nicht gewusst.«

Wir starren beide immer noch auf den leeren Käfig.

Ich weiß, es entspricht eher der Wahrheit, dass er nicht verstehen *wollte*. Er *wollte* es nicht wissen.

Ich habe gelernt, dass es möglich ist, Wahrheiten nicht zu beachten, auch wenn sie sich direkt vor der eigenen Nase befinden. Man kann sich entscheiden, ihnen keine Beachtung zu schenken oder sich zu Wort zu melden.

Und jetzt gibt es noch ein paar mehr Wahrheiten, die ich ans Licht holen muss. Meine Zeit des Schweigens ist vorbei.

MALIA

Eine Woche nach der Rettungsaktion wähle ich die Telefonnummer des *Warung* in Malang. Nach längerem Klingeln hebt eine Frau, wahrscheinlich die Küchenhilfe, ab und sagt, dass sie Ari ans Telefon holt. Nach ein paar Minuten ist Ari dran, ganz außer Atem.

»Hallo, Malia! Wie geht es dir?« Es ist schön, zu hören, dass Aris Stimme jetzt so viel unbeschwerter klingt als zuvor.

»Mir geht es gut, danke. Wie geht es dir? Ich habe mich gefragt, ob du irgendetwas von Ginger Juice gehört hast?«

»Ich freue mich, dass du anrufst, Malia«, sagt er. »Am Tag, als sie gerettet wurde, war alles so hektisch. Es tut mir leid, dass ich mich gar nicht richtig bei dir bedankt habe, dass du gekommen bist, um mich zu unterstützen. Du hast mir mehr geholfen, als du ahnst. Ich bin dir wirklich sehr dankbar.«

»Du hast dich bei mir bedankt«, sage ich. »Aber ich

weiß, was du meinst. Es war viel los an dem Tag.« Ich mache eine kurze Pause. »Ich wollte dir auch noch sagen, wie mutig ich dich finde, weil du getan hast, was richtig war. Ich weiß, das war nicht leicht.«

Am anderen Ende herrscht Stille, aber ich weiß, dass Ari sich über meine Worte freut.

»Danke«, höre ich ihn leise sagen.

»Also, hast du etwas von Ginger Juice gehört?«, frage ich.

»Ja, das habe ich.« Ari räuspert sich. »Dr. Winarto hat angerufen und erzählt, dass Ginger Juice in eine Auffangstation nach Yogyakarta gebraucht wurde. Sie haben sie untersucht und zum Glück festgestellt, dass sie gesund ist – mal abgesehen von ihrem Übergewicht. Sie wird auf eine spezielle Diät gesetzt. Ihre geistige Gesundheit ist aber eine andere Sache. Sie zeigt Angstverhalten, was typisch ist für Affen, die in Gefangenschaft gehalten wurden. Die Tierärztin hat gesagt, dass es sehr lange dauern kann, bis ein Orang-Utan emotional und mental wieder stabil ist. Sobald sie kräftig genug ist, werden sie sie zu einer Auffangstation auf Sumatra bringen. Dr. Wintaro hat gesagt, sie ist ein Sumatra-Orang-Utan. In der Auffangstation wird sie mit etwas Glück wieder lernen, ein richtiger Orang-Utan zu sein. Ich halte dich auf dem Laufenden, wenn ich mehr erfahre.«

»Wow. Ich freue mich, das zu hören. Das sind geniale

Neuigkeiten. Ja, bitte, halt mich auf dem Laufenden. Du hast ja meine E-Mail-Adresse.« Bei der Erinnerung müssen wir beide kichern. »Ich ziehe bald nach Kanada, aber ich hoffe, wir bleiben in Kontakt.«

Ich erzähle ihm von meinem Plan, einen Blog zu schreiben. Ich erzähle ihm nichts von der Widmung, das soll eine Überraschung werden.

»Kanada! Das sind große Neuigkeiten. Ich will auf jeden Fall mit dir in Kontakt bleiben und deinen Blog lesen. Vielleicht habe ich auch bald Neuigkeiten, von denen ich dir dann gerne erzählen möchte«, sagt er geheimnisvoll.

»Na, dann spann mich nicht zu lange auf die Folter«, sage ich zu ihm.

ARI

Nervös sitze ich im Büro des Schulleiters. Ich war noch nie zuvor hier. Ich weiß nicht, ob mein Plan funktionieren wird, aber ich muss es versuchen.

»Komm rein, Ari«, sagt der Direktor und nimmt hinter seinem Schreibtisch Platz. »Wie kann ich dir heute helfen?«

»Danke, Sir«, sage ich. »Es gibt da eine Sache ... äh, von der ich hoffe ... ich kann ...« Ich weiß nicht weiter.

Geduldig sieht der Schulleiter mich an. »Warum sagst du mir nicht einfach, was du möchtest, und ich sehe, was ich tun kann?«

Ich nicke und schlucke. »Danke, Sir. Ich bin sehr nervös.«

»Das sehe ich, Ari. Was macht dich nervös?«

Ich denke kurz nach. Ich denke daran, warum ich hier bin. Ich denke an die Schuldgefühle, die an mir nagen, seit ich mit der Schule angefangen habe.

»Ich habe etwas getan, von dem ich wünschte, ich

hätte es nicht getan, und jetzt würde ich es gerne in Ordnung bringen«, sage ich schließlich.

»Das klingt nach einer längeren Geschichte«, sagt er und lehnt sich in seinem Stuhl zurück. »Warum fängst du nicht vorne an?«

Ich erzähle ihm von Suni und dass wir zusammen im Dorf aufgewachsen sind. Von unseren Eltern, die Reisbauern sind, aber kein eigenes Land besitzen. Sie sind Pächter, darum verdienen sie nicht an ihren Ernten. Stattdessen bereichern sich die Landbesitzer und die großen Lebensmittelkonzerne an den Ernten. Dann erzähle ich ihm davon, wie besonders Suni ist, wie neugierig und klug. Wie sie sich freut, wenn sie etwas Neues lernen kann. Wie sie früher bis nach Mitternacht aufgeblieben ist, um bei Kerzenschein ihre Hausaufgaben zu erledigen. Wie sie immer als Erste aufstand, sich anzog und für die Grundschule fertig machte, ihre Uniform gebügelt und ihren Schulranzen ordentlich gepackt. Und dann erzähle ich ihm, wie sie mich liebevoll umarmt hat, als unsere Eltern mir mein Anmeldeformular für die Mittelschule überreichten, und sich ehrlich für mich gefreut hat. Und wie ich später gesehen habe, dass sie vornübergebeugt und heimlich in ihrem Zimmer geweint hat. Sie hatte sich Hoffnungen gemacht, aber die Hoffnung war ihr genommen worden. Ich hatte sie ihr genommen.

»Suni sollte hier zur Schule gehen«, sage ich zu ihm. »Nicht ich.«

»Warum glaubst du, es nicht verdient zu haben, hier zu sein?«, fragt er.

»Es ist nicht so, dass ich es nicht verdiene«, sage ich. »Ich wünschte, wir könnten beide hier sein. Aber das können wir uns nicht leisten. Wir haben immer gewusst, dass das Geld nur für einen von uns reicht, um weiter auf die Schule zu gehen. Ihre und meine Eltern fanden es wichtiger, dass ich zur Schule gehe, weil ich ein Junge bin.« Ich mache eine Pause. »Aber ich glaube, das ist falsch. Ich finde, Suni sollte hier sein. Sie sollte an meiner Stelle die Chance bekommen. Ich möchte, dass sie meinen Platz einnimmt.«

»Ich weiß deine Gefühle für deine Cousine zu schätzen, Ari. Aber es ist wichtig, dass du weiter zur Schule gehst. Du bist ein guter Schüler, und ich kann es nicht gutheißen, dass du die Schule abbrechen willst.« Er rückt einige Papiere auf seinem Schreibtisch zurecht. »Und was ist mit deinen Eltern? Du bräuchtest ihre Erlaubnis.«

»Wenn Sie den Tausch einrichten können«, sage ich, »werde ich es ihnen erklären. Sie werden es verstehen. Meine Schulbildung wird nur verschoben. Ich werde mich wieder einschreiben, sobald ich genug Geld verdient habe.« Ich rutsche auf die Stuhlkante. »Darf ich Ihnen noch etwas anderes erzählen, Sir?«

»Natürlich.«

»Ich habe etwas sehr Wichtiges gelernt, seit ich hier

bin«, sage ich. »Na ja, ich habe natürlich eine Menge Dinge im Unterricht gelernt, aber wovon ich rede, hat nichts mit dem Unterricht zu tun.«

»Ach, wirklich? Was hast du gelernt?«, fragt er.

»Schach«, sage ich.

Er hebt die Augenbrauen und gibt mir zu verstehen, dass ich fortfahren soll.

»Ich habe gelernt, wie man Schach spielt«, sage ich. »Es ist ein geniales Spiel, Sir, spielen Sie Schach?«

Er schüttelt den Kopf. »Nur ein bisschen.«

»Schach hat mich gelehrt, wie wichtig es ist, Geduld zu haben. Es hat mich gelehrt, dass viele Wege zum Ziel führen. Es gibt Millionen von Taktiken und Zügen, die man im Voraus planen kann, um das zu erreichen, was man will.« Ich hole Luft. »Ich kann geduldig sein, Sir. Ich kann eine lange Partie spielen und meinen Weg zurück zur Schule finden.«

Ich hole drei schwarze Schachfiguren aus meiner Schultasche.

»Wenn wir uns das Ganze als Schachspiel vorstellen würden«, fahre ich fort, »wäre Suni ein Bauer.« Ich stelle die Bauernfigur auf den Schreibtisch vor den Direktor. »Ein Bauer hat nicht viel Macht und er kann immer nur einen Schritt nach vorn rücken. Wenn eine andere Figur ihm den Weg versperrt, sitzt er fest und kann nicht weitergehen.« Dann stelle ich ein Pferd auf den Tisch, vor den Bauern.

»In diesem Szenario könnte ich ein Pferd sein. Ein Pferd kann sich freier über das Brett bewegen. Es kann über andere Figuren hinwegspringen und vorwärts- und rückwärtsgehen. Die Aufgabe des Pferdes ist es, den Weg freizumachen.«

Ich stelle den Bauern vor das Pferd. »Denn sehen Sie, der Bauer, auch wenn er nur wenig Macht besitzt, hat großes Potenzial. Wenn sein Weg frei ist und er es bis auf die andere Seite des Brettes schafft, dann kann er befördert werden.«

Der Schulleiter sieht mich fragend an.

»Befördert werden heißt, er wird zur Königin«, sage ich. »Und die Königin ist die mächtigste Figur von allen.« Ich stelle die letzte Schachfigur, die Königin, auf meine offene Handfläche. »Also, sehen Sie, ich bin ein Pferd und ich mache einfach nur den Weg frei für meine zukünftige Königin.«

Wir beide schweigen einen Moment und betrachten die Königin, die ich ihm hinhalte.

Der Schulleiter reibt sich das Kinn und ein kleines Lächeln stiehlt sich auf sein Gesicht. »Du hast eine unvergleichliche Art und Weise, deine Situation zu betrachten, Ari. Und du hast mir eine Menge zum Nachdenken gegeben. Ich habe es zur Kenntnis genommen. Ich werde sehen, was ich tun kann, aber ich kann dir nichts versprechen. Dein Fall ist sehr ungewöhnlich.« Er streckt mir die Hand über den Schreibtisch entgegen, um meine zu schütteln. »Du bist ein guter Junge, Ari«, sagt er.

»Das möchte ich gerne sein, Sir«, sage ich und erwidere seinen Händedruck. »Auch das ist Teil meines Plans.«

MALIA

Bibi verbringt immer einen Teil ihrer Wochenenden bei ihrer Familie in ihrem Dorf. Sie geht nach dem Frühstück am Samstag und kommt spät am Sonntagabend zurück.

»Bringst du mir bei, wie ich mir meinen eigenen *Bubur* koche?«, frage ich Bibi, als sie am Samstagmorgen hereinkommt, um mich zu wecken. »Und kann ich mitkommen, wenn du heute deine Familie im Dorf besuchst? Wenn wir weg sind und ich an dich denke, möchte ich mir dich dort vorstellen können.«

Bibi klatscht auf eine verirrte Träne, die ich nicht sehen soll, und packt mich fest am Arm. Sie führt mich in die Küche. Ich bin immer noch im Schlafanzug.

Ich habe noch nie viel Zeit in der Küche verbracht. Es ist Bibis Reich. Der Geruch nach Hähnchenbrei füllt den kleinen Raum. Ich bemerke, dass ihr Radio auf einen lokalen Sender eingestellt ist. Dampf steigt auf, als sie den Deckel von einem Topf auf dem Herd hebt. Ich spähe hinein und entdecke weißen Reis, der zu einem weichen Brei verköchelt.

»Hier. Du schneidest die Schalotten«, sagt sie und schaut mir über die Schulter. »Nein. Dünner«, befiehlt sie und macht *ts, ts*, weil ich so schlecht schneide. Sie erhitzt etwas Öl in einer Pfanne und gibt mir ein Zeichen, dass ich die Schalotten hineinwerfen soll. »Es ist heiß! Pass auf, dass du sie nicht verbrennst!« In nur wenigen Sekunden sind sie braun und Bibi reißt die Pfanne vom Herd. Als Nächstes kommen in Ringe geschnittene Frühlingszwiebeln und zerkleinertes Hähnchenfleisch, die sie aus einem Plastikbehälter zaubert. »Rühr alles unter«, sagt sie. »Schnell, solange es heiß ist.« Sie macht große Rührbewegungen für den Fall, dass ich es aus irgendeinem Grund nicht verstanden haben sollte.

»Aber ich muss wissen, wie man es ganz von Anfang an macht«, sage ich zu ihr. »Das hier ist schon fertig. Ich rühre bloß die Zutaten zusammen.«

Ungeduldig schüttelt sie den Kopf. »Wenn du in Kanada bist, musst du nicht wissen, wie man *Bubur* kocht. Dort wirst du kanadisches Frühstück essen.«

Darüber denke ich einen Moment nach. *Werde ich das? Hoffentlich werde ich weiter meine indonesischen Lieblingsessen kriegen, wenn ich in Kanada bin.*

»*Bubur* wird auf dich warten, wenn du zurückkommst«, sagt sie.

Normalerweise nimmt Bibi mehrere Busse, Kleinbusse und Rikschas hintereinander, um zu ihrem Dorf zu gelangen, aber heute fährt Mom uns hin. Die Fahrt dauert eine Stunde und führt uns über gewundene, holprige Straßen voller Schlaglöcher.

»Wie lange brauchst du normalerweise?«, frage ich Bibi.

Sie hält drei Finger hoch. »Drei Stunden ohne Regen«, informiert sie mich.

Ich schüttele den Kopf wegen all der Dinge, über die ich mir nie Gedanken gemacht habe. Wenn Bibi nicht bei uns zu Hause war, war sie für mich nicht existent. Ich habe nicht einmal darüber nachgedacht, wie lange sie braucht, um in ihr Dorf zu gelangen, oder was sie tut, wenn sie dort ist.

Bibi sieht meinen besorgten Gesichtsausdruck. Sie macht eine wegwerfende Handbewegung und sagt: »Das ist normal.«

Nachdem wir einen steilen Hügel mit Reisfeldern rechts und links der Straße hinaufgefahren sind, parken wir vor einem kleinen Haus, das an ein dichtes Waldgrundstück grenzt. Neben dem Tor wachsen Bananenbäume und ein paar Hühner scharren in der Erde auf dem Hof. »Wir sind da«, sagt Mom.

»Du warst schon mal hier?«, frage ich sie.

»Natürlich«, sagt sie. »Papa hat Bibi dieses Haus schon vor Jahren gekauft. Du warst auch schon hier.

Du warst nur zu klein, um dich jetzt noch daran zu erinnern.«

Kurz darauf strömt eine ganze Schar lächelnder Gesichter aus dem kleinen Haus. Alle sind irre glücklich, Bibi zu sehen. Sie umarmen sie, nehmen ihr die Taschen ab und scheuchen sie ins Haus. Bibi wird hier wie ein Mitglied der Königsfamilie behandelt. Sie ist die Königin, die zu ihrem Schloss zurückkehrt.

Man führt uns ins Wohnzimmer und serviert uns warmen, süßen Tee in Gläsern. Schüsseln mit salzigen Erdnüssen und saftigen Kuchenscheiben werden auf niedrige Tische gestellt. Leute aus den umliegenden Häusern kommen vorbei, um Bibi ihre Aufwartung zu machen, und sind bestimmt auch neugierig, Mom und mich kennenzulernen. Alle werden als Verwandte vorgestellt. Eine Meute kleiner Kinder mit Händen voller Kuchen wuselt um uns herum. Bibis Enkel, wie man uns erzählt. Bibi sitzt stolz in einem Ledersessel, den ich als einen alten Sessel von Papa wiedererkenne. Sie strahlt vor Stolz über diese Szene. Ich bin es nicht gewohnt, Bibi lächeln zu sehen. Ich stelle fest, dass ich sie noch nie so entspannt gesehen habe. Sie ist die Matriarchin ihrer Familie, und es freut mich, das zu sehen. So werde ich sie mir immer vorstellen.

»Wir freuen uns sehr, dass unsere Mutter bald bei uns zu Hause sein wird«, sagt eine hübsche Frau, die uns als Bibis Schwiegertochter vorgestellt wird. »Wir wollen schon seit Jahren, dass sie aufhört zu arbeiten, aber sie war fest davon überzeugt, dass sie noch in der Stadt gebraucht wird.«

»Ich kann mir mein Leben ohne sie nicht vorstellen«, gebe ich zu. »Sie hat geholfen, mich großzuziehen.«

Ich werfe einen Blick zu Bibi, die jetzt ein Baby in den Armen schaukelt. Sie macht glucksende Geräusche und wiegt es hin und her. »Bibi ist jetzt zu Hause. Bibi wird sich um dich kümmern«, gurrt sie.

Ich lächele in mich hinein. Und ich hatte einmal gedacht, sie wäre ohne mich verloren.

ARI

Ich läute die Ochsenglocke, um meiner Familie anzukündigen, dass ich zu Hause bin. Ich sehe, wie meine Mutter und mein Vater in den Reisfeldern aufblicken. Sie schirmen ihre Augen gegen die Sonne ab, um zu sehen, wer die Glocke geläutet hat. Ich winke wild mit beiden Armen über meinem Kopf, und sie lassen ihre Arbeit liegen und gestikulieren aufgeregt, um mir zu sagen, dass sie zu mir kommen. Bevor sie beim Haus sind, tippt mir jemand auf die Schulter. Ich drehe mich um und entdecke Suni. Meine Cousine, meine Freundin, die Streichespielerin, die ich so sehr vermisst habe.

»Du bist es! Du bist zu Hause«, sagt sie. »Hat ja auch lang genug gedauert.« Wir umarmen uns. »Wie lange kannst du bleiben?«, fragt sie.

»Ich gehe nicht wieder weg«, sage ich ihr.

»Hä? Was soll das heißen?« Sie schlägt mir spielerisch auf die Schulter. »Du hast Schule. Und hilfst du Onkel nicht im *Warung*?«

»Ich habe organisiert, dass jemand anders das an meiner Stelle tun wird«, sage ich.

»Wer soll das sein?«, fragt sie und verengt argwöhnisch ihre Augen. »Wovon redest du?«

Ich stelle sicher, dass sie mir ins Gesicht blickt, damit sie weiß, dass ich nicht lüge. Sie sieht immer, wenn ich lüge.

»Du natürlich«, sage ich. »Du. Du bist an der Reihe, in die Schule zu gehen. Du hättest es von Anfang an sein sollen.«

Ich lasse Suni – mit offenem Mund wie ein Koi – stehen und umarme meine Eltern, die jetzt von den Feldern gekommen sind.

»Ari, mein Sohn! Was für eine schöne Überraschung.« Meine Mutter schlingt ihre Arme um meinen Hals. »Und es ist noch nicht mal Freitag! Ich habe gar nicht *Lontong Sayur Lodeh* gekocht. Dabei ist das doch dein Lieblingsessen!« Wir lachen alle.

»Unser Sohn ist zurück. Komm, setz dich, setz dich«, sagt mein Vater und wischt sich über die Stirn. Man sieht ihm die harte Feldarbeit an. »Komm und erzähl uns, was es Neues gibt.«

»Ich habe euch viel zu erzählen«, sage ich und lasse es zu, dass meine Eltern so viel Aufhebens um mich machen. »Ich habe viel zu erklären.«

Suni bereitet Tee zu und spitzt die Ohren, um das Gespräch nicht zu verpassen, während sie kochendes

Wasser über die getrockneten Teeblätter in die große Metallteekanne gießt. Meine Eltern und ich sitzen auf den abgenutzten Stühlen auf der überdachten Veranda. Sunis Eltern, meine Tante und mein Onkel, gesellen sich kurz darauf zu uns.

»Neffe!«, rufen sie und behandeln mich wie eine Berühmtheit. »Sieh dich an! So erwachsen. Du siehst aus wie ein Mann und nicht mehr wie ein Junge.«

Ich betrachte die lächelnden Gesichter meiner Familie und bin sehr glücklich, wieder zu Hause zu sein. Wir pusten in den Dampf des frischen Tees, den Suni eingeschenkt hat, und ich erzähle ihnen die Neuigkeiten. Es erleichtert mich, zu gestehen, was ich getan habe. Was ich in Gang gesetzt habe. Sie werden mir bestimmt widersprechen wollen, aber ich habe meine Gegenargumente vorbereitet.

Der Schulleiter war einverstanden, dass Suni für das restliche Schuljahr meinen Platz an der weiterführenden Schule einnimmt, aber er hat hartnäckig darauf bestanden, dass wir uns im nächsten Jahr beide einschreiben. Dieser Bedingung konnte ich voll und ganz zustimmen. Tatsächlich ist es aber so, dass Suni jetzt eine Schulausbildung braucht, nicht ich. Als Junge habe ich viel mehr Möglichkeiten, viel mehr Freiheiten. Wenn Suni jetzt zur Schule geht, kann sie sich später entscheiden, ob sie mit der Schule weitermachen, eine Ausbildung anfangen oder, wenn sie will, ins Dorf zurückkehren möchte. Sie wird nicht gezwungen, ohne Perspektive hierzubleiben oder früh zu heiraten, so wie ihre Freundinnen es jetzt schon planen. Sie wird eine Wahl haben.

Ich werde bezahlte Arbeit finden, um Geld zu verdienen und meine Schulgebühren selbst zu zahlen, etwas, was Sunis Eltern ihr nie erlauben würden. Ich werde meinen Eltern auf den Feldern helfen und weiter Schach üben, damit ich mich eines Tages für ein internationales Turnier qualifizieren kann.

Jetzt, wo meine Sorgen um Ginger Juice mich nicht mehr völlig in Beschlag nehmen, habe ich das Schachspiel wieder aufgenommen. Durch mein Anfängerglück zu Beginn habe ich einen Blick auf das erhaschen können, was möglich sein könnte, wenn ich mich dem Spiel richtig widme. Unsere Schule hat das Turnier nicht gewonnen. Ich wünschte, ich hätte dabei sein und das Team unterstützen können. Aber es wird noch mehr Turniere geben.

Ich bedauere nichts. Ich muss noch viele Strategien lernen und viele Vorhaben umsetzen. Und vor allem muss ich Geduld aufbringen für eine lange Partie.

GINGER JUICE

Ich öffne die Augen und denke, ich träume. Einen Traum von Vorher-Leben im Wald, in wiegenden Baumkronen, im Summen, Schwirren und Sirren vom Dschungel.

Ich strecke die Hand aus, fühle aber keine Gitterstäbe.

Wo sind sie hin?

Ich strecke den Fuß aus, fühle immer noch keine Gitterstäbe. Ich blinzele. Traue all dem Grün um mich herum nicht. Glaube nicht dem leisen Rascheln von Ästen über mir.

Ich schließe die Augen wieder. Muss ein Trick sein. Kann nicht wahr sein. Nebelschleier will mich hereinlegen.

Ich liege still. Sehr still. Höre immer noch das *Swisch, Swisch.* Ich muss nachsehen! Probiere es noch mal.

Langsam, langsam strecke ich Arme und Füße aus auf der Suche nach Gitterstäben. Keine Gitterstäbe.

Aber da ist etwas anderes. Meine Finger erinnern sich. Erde. Warum ist Erde in meinem Käfig?

Und was ist das für ein Geruch? Geruch wie von Erde, Moos und Blättern. Ich atme den Duft tief, tief ein. Tief, tief bis in meinen Bauch. Bringt Farbe in meinen Verstand. *Hhk, hhk!*

Ich öffne meine Augen, und diesmal sehe ich, wo ich bin. Blätterdach hoch über mir. Blinzel, blinzel. Sonnenflecken tanzen zwischen Palmen. Schmetterlinge küssen winzige Orchideenblätter. Weit weg höre ich das *Wa-wa* von Gibbons und *Tirili und Tschilp* von Singvögeln. Und jetzt, ja, *sirr, sirr*, von Zikaden, Heuschrecken und Grillen.

Ich bin wieder im Wald!

Langsamer-Lori-Junge hat mich verstanden. Ich habe es viele, viele Male versucht, den Menschen zu sagen. Aber Langsamer Lori hat es gemacht.

Er hat mich nach Hause gebracht.

ARI

Die Orang-Utan-Rettungsorganisation hat sich bei mir gemeldet mit Neuigkeiten von Ginger Juice. Sie wurde in eine Auffangstation nach Sumatra gebracht. Die Station ist so etwas wie eine Dschungelschule, wo verwaiste und in Gefangenschaft gehaltene Orang-Utans wieder lernen, in der Wildnis zu überleben.

Ginger Juice hat ihre Körperkraft wiedererlangt und zeigt auch mehr Selbstbewusstsein. Sie hat sogar angefangen, eigene Nester in den Bäumen zu bauen und alleine nach Nahrung zu suchen. Es wird vielleicht noch ein paar Jahre dauern, aber sie halten sie für eine gute Kandidatin, um irgendwann ausgewildert zu werden.

Die guten Neuigkeiten über die Fortschritte, die Ginger Juice in der Dschungelschule macht, sind noch besser, weil ich sie mit Malia teilen kann. Sie hat mir zurückgemailt und erzählt, dass sie nicht mehr aufhören kann zu lächeln, seit sie es gelesen hat. Und mir geht es jetzt auch so.

Die Vormittage verbringe ich auf den Reisfeldern und helfe meinen Eltern, meiner Tante und meinem Onkel mit den endlosen Aufgaben der Farmarbeit. Ich bin verantwortlich dafür, die Enten und den Wasserbüffel zu füttern. Wenn ich Reissetzlinge dicht beieinander auf einem Haufen finde, trenne ich sie, verteile sie und pflanze sie neu ein, damit es eine gleichmäßige Ernte gibt. Die Arbeit ist zwar mühselig, aber es ist auch befriedigend, an der Seite meiner Familie zu arbeiten, den kühlen Matsch unter den Füßen zu spüren und über ein Meer von jadegrün schimmernden Trieben vor mir zu blicken.

Nachmittags habe ich einen Job im Dorf. Ich helfe im Kopierladen aus. Der Laden liegt direkt neben dem Internetcafé, sodass ich mit Malia, Faisel und meinen Schachfreunden über E-Mail in Kontakt bleiben kann.

Außerdem habe ich viele Websites gefunden, mit denen ich mir selbst weiter Schach beibringen kann. Da ich niemandem im Dorf finde, der gegen mich spielen will, spiele ich Onlineschach. Mein Ziel, mich eines Tages für ein internationales Turnier zu qualifizieren, erstrahlt hell vor mir und lockt mich wie ein goldener Sonnenaufgang.

Suni sprudelt jedes Mal über vor lauter Neuigkeiten, wenn ich mein Postfach öffne. Sie hat sich auf die Schulaufgaben gestürzt wie eine Ente ins Wasser, genau wie ich es mir dachte. Sie hat sich außerdem mit

Melonie und Samir angefreundet, so wie ich es mir vorgestellt hatte. Die Mädchen haben meine Cousine zwei-
fellos unter ihre Fittiche genommen. Sie alle ermah-
nen mich, das Geld, das ich verdiene, fleißig zu sparen,
damit ich im nächsten Schuljahr zu ihnen stoßen kann.

Auch Onkel ist mit dieser Regelung sehr zufrieden.
Suni hat seine gedruckten Speisekarten überarbeitet
und verzaubert alle Kunden im *Warung* durch ihre Anwesenheit. Suni sagt, dass, abgesehen von ein paar kleinen Kindern, niemand nach Ginger Juice fragt. Onkels
Kunden sind nicht enttäuscht, weil die »Attraktionen«
fehlen. Bestimmt sind auch seine Kunden erleichtert,
dass Ginger Juice und Elvis Presley aus ihren Käfigen
befreit wurden.

Ich habe mich geehrt gefühlt, dass Malia ihren ersten
Blogbeitrag mir gewidmet hat. Ich lese alle ihre Beiträge
weiter mit großem Interesse. In ihrem neuesten geht es
darum, wie man den Lebensraum Wald für die Orang-
Utans erhalten kann. Sie hat über Bauern geschrieben,
die unter dem Dach des Regenwaldes anbauen, statt
das Land für Reis- oder Palmölernten zu roden. Es
gibt auch noch mehr Anbaumöglichkeiten: Gewürze,
Vanille und Honig gedeihen alle gut unter dem Blätterdach, ohne den Regenwald zu zerstören. Außerdem
muss der Erntegewinn dann nicht mit großen Betrieben geteilt werden, weil die Bauern ihre Waren direkt
auf den Märkten verkaufen können.

Ich lese diese Informationen mit großem Interesse und nehme mir vor, das mit meinem Vater, meinem Onkel und unseren Nachbarn zu besprechen. Meistens sitzen die Männer am Abend zusammen, diskutieren und entscheiden darüber, wie das Land, das wir besitzen oder pachten, am besten zu verwenden ist. Wie Malia sagt, ist Landwirtschaft, die unter dem Dach des Regenwaldes betrieben wird, gut für alle – für die Bauern und die Orang-Utans. Ich kann es kaum erwarten, meiner Dorfgemeinde von diesen Möglichkeiten zu erzählen.

Meine Welt fühlt sich wieder leicht an. Ich muss nicht länger unerwünschte Schuldgefühle verdrängen. Mein Herz ist voll, mein Gewissen rein. Ich freue mich auf meine Zukunft und auf die Zukunft meiner Liebsten.

Manchmal gehe ich nachts hinaus in die Reisfelder und lege mich unter die Sterne, so wie Suni es mir geschrieben hat. Ich spüre die warme Erde unter mir und atme den berauschenden Duft der Kokospalmen und Tempelbäume ein. Ich lausche dem Froschorchester in den Wassergräben der Reisfelder und stelle mir vor, wie meine Hand in der riesigen Pranke von Ginger Juice ruht. Ich sehe ihre sanften Augen vor mir, während ich hoch zu den flackernden stecknadelkopfgroßen Lichtern über mir schaue.

Das Universum ist weit und wundersam, und jetzt, in diesem Moment, weiß ich ganz genau, dass ich – so wie Ginger Juice und Suni – genau da bin, wo ich hingehöre.

MALIA

Oma, Mom und ich gehen gemeinsam zum Mangobaum und setzen uns darunter.

Mom und ich fliegen morgen nach Toronto und wir
sind endlich fertig mit Packen. Die Möbel werden in
einem großen Container verschickt. Wir nehmen nur
unsere Koffer mit Kleidung mit ins Flugzeug. Mom
sagt, ich werde sowieso eine Menge neuer Kleidung
für das kühlere Wetter in Kanada kaufen müssen. Mir
gefällt diese Vorstellung. Eine neue Garderobe, eine
neue Malia. Vielleicht eine knallrote Regenjacke und
dazu passende Lederstiefel? Das ist eine Version von
mir selbst, die ich mir noch nie zuvor vorgestellt habe,
und ein Schauder der Vorfreude durchläuft mich.

Wir fegen das heruntergefallene Laub von Papas
Grab und ich lege einen Blumenstrauß auf den Grabstein. Vielleicht liegt es daran, dass ich nicht alleine
bin, aber ich höre nicht wie sonst, wenn ich hierher-
komme, Papas Stimme in meinem Kopf. Wir sitzen,

alle in unsere eigenen Gedanken versunken, eine Weile da und ich greife nach Moms Hand. Sie drückt sie. Ich weiß, dass das ein schwieriger Tag für sie ist. Zu meiner Überraschung nimmt Oma Moms andere Hand und ich sehe, wie sie einen Blick wechseln. Es ist ein Blick voller Dankbarkeit und Verständnis. Ein Blick geteilter Liebe, vielleicht nicht füreinander, aber für Papa. Und für mich.

Als wir aufstehen, um zu gehen, fahre ich mit dem Finger Papas in Stein gemeißelten Namen nach. Ich betrachte die frischen Blumen und bin froh, dass Oma hier ist, um sich weiter um unseren Altar zu kümmern.

»Ich glaube, Papa ist uns schon voraus nach Kanada gegangen«, sage ich zu Mom. »Ich glaube, er schwimmt bereits im See und zeigt auf ein paar vorbeiziehende Seetaucher.«

»Er war ein ausgezeichneter Schwimmer«, sagt Oma stolz.

Mom küsst mich auf den Scheitel. »Wahrscheinlich hast du recht«, sagt sie. »Er war immer der Erste am See.« Wir lächeln uns an.

»Was für ein Angeber, dein Papa«, sagt sie.

Ich weiß, dass ich ihn dort finden werde. So wie ich ihn überall, wo ich bin, finden werde.

GINGER JUICE

Dieser Ort, er ist nicht *unser* Dschungel. Aber es ist trotzdem Dschungel. Auch andere Affen sind hier. Wir beobachten uns, wir geben uns Zeichen. *Wir sind hier, um gesund zu werden*, sagt mir ein alter Affe. *Wir sind hier, um wieder stark zu werden. Einige von uns sind zu alt und schwach, um fortzugehen, aber du bist noch jung.*

Menschen sind auch hier, aber sie stecken mich nicht in einen Käfig. Sie sitzen und beobachten mich, aber sie piksen mich nicht und tun mir nicht weh. Menschen legen Früchte hoch oben in Bäume, und ich muss klettern, um sie mir zu holen. Langsam, langsam spüre ich, wie meine Arme und Beine kräftiger werden. Langsam, langsam kann ich jeden Tag höher klettern. Vielleicht legen Menschen darum das Essen immer höher, damit ich klettern muss.

Ich sitze gerne da und spüre Sonne auf meinen Schultern. Lange, lange habe ich dieses warme Gefühl nicht mehr gefühlt. Dieses gute Gefühl. Ich verbringe lange, lange damit, dazusitzen und die Sonne wieder zu fühlen.

Ich klettere auf die hohe, hohe Plattform und will nicht mehr zurück auf den Waldboden. Ich baue ein Nest in der Baumkrone, so wie du es mir beigebracht hast in Vorher-Leben.

Ich wähle Zweige mit vielen Blättern und junge Triebe. Flechte weiches Bett. Sitze jetzt im Nest und schaue über das Waldkronendach. Ich sehe Dunstschwaden unter den Spitzen von riesigen Feigenbäumen wabern. Schaue zu, wie Baumsegler von Ast zu Ast hüpfen und Waldameisen silberne Baumstämme hoch und runter laufen. Ich atme Duft von feuchter Erde und Zimtrinde ein.

Hier holt Nebelschleier mich nicht.

Vielleicht gehe ich bald nach Rambutan und Papaya suchen, so wie wir das früher gemacht haben. Je länger ich im Baumkronennest sitze, umso weiter weg ist Menschenwelt.

Ich hole mir seltener und seltener Essen, das Menschen auf die Plattformen legen. Ich verbringe meine Zeit hoch über dem Boden, aber manchmal sehe ich gerne nach, was für Früchte Menschen bringen. Manchmal halte ich Ausschau nach anderen Affen oder nach Menschen von hoch oben, in Sicherheit auf Ästen.

Jetzt gerade schaue ich und sehe alte Affenfrau in Sonnenstrahlen auf dem Waldboden sitzen, wo Menschen Bananen und Jackfrucht hingelegt haben. Sie hält ihr Gesicht in die Sonne. Ihre Augen sehen nicht, sie hat viele Narben. Aber meine Augen sehen. Sie erkennen ihre Gestalt. Ich schaue lange, lange.

Langsam klettere ich herunter von meinem Ast hoch über dem Waldboden und gehe näher, näher.

Mein Herz schlägt schnell, schnell, wie der Schnabel von Specht gegen Baumstamm, weil ich ihren Atem kenne. Ich kenne ihren Geruch.

Ich gehe ganz nah heran. Lege meinen Kopf sanft auf ihre Brust.

Du öffnest deine Arme, *Ibu*, und ich passe immer noch hinein, obwohl ich kein kleiner Affe mehr bin. Ich passe immer noch in den Raum zwischen deinen Armen. Wir passen immer noch zusammen, so wie immer.

Du und ich, *Ibu*. Wir sind wieder zusammen.

Deine Hand streichelt meinen Kopf und du flüsterst meinen Namen. Namen, den ich Menschen nie verständlich machen konnte. Namen, den du mir gegeben hast.

Berani.

Berani bedeutet mutig.

GLOSSAR

Amah – Kindermädchen

Asli – Original

Batik – eine Färbetechnik, bei der Wachsmuster auf die Stoffe aufgetragen werden, sodass an diesen Stellen die Farbe nicht eindringen kann. Batikkleidung spielt in Zeremonien und bei traditioneller Männer- und Frauenkleidung eine zentrale Rolle.

Becak – eine indonesische Rikscha auf drei Rädern. Dieses Fahrradtaxi hat vorne einen Sitz und hinten tritt der Fahrer in die Pedale. Eine weit verbreitete und günstige Art der Fortbewegung in vielen indonesischen Städten.

Berani – mutig

Buntut – Schwanz

Bubur – ein indonesischer Reisbrei, der gewöhnlich aus weißem Reis mit Hühnchen zubereitet und mit Gewürzen verfeinert wird. Wird häufig zum Frühstück gegessen.

Bule – gängige Bezeichnung in Indonesien für Fremde, besonders aus westlichen Ländern, oder Weiße

Campuran – gemischt

Congklak – ein Spiel für zwei Personen, das mit einem Holzbrett und Tamarindensamen oder Muscheln gespielt wird

Dangdut – ein Musikstil, Mischung aus indonesischer Volksmusik, traditionellen Klängen und Popmusik

Ibu – Mutter oder Mrs.

Jeruk – eine Zitrusfrucht, die meist als Orange bezeichnet wird

Lontong – ein traditionelles indonesisches Gericht, das aus gepressten Reiskuchen besteht, die in einem Bananenblatt gekocht werden. Bei *Lontong Sayur Lodeh* werden die Reiskuchen mit Gemüse in einer Kokosmilchsuppe gekocht.

Losmen – eine günstige Unterkunft wie z. B. eine Jugendherberge, ein Gasthaus oder ein *Bed and Breakfast*

Mandi – ein einfaches Badezimmer mit Wasserbecken

Mie Goreng – *Mie*: Nudeln, *Goreng*: gebraten. Gebratene Nudeln sind ein sehr beliebtes indonesisches Gericht. Die Nudeln haben oft einen Gemüse-, Hähnchen-, Fleisch- oder Fischgeschmack.

Nasi Goreng – *Nasi*: Reis, *Goreng*: gebraten. Gebratener Reis ist ein sehr beliebtes indonesisches Gericht. Es wird oft mit einem Spiegelei obendrauf serviert.

Orang Asli – umgangssprachliche Bezeichnung für indonesische Ureinwohner oder indigene Personen

Orang – Person

Orang-Utan – Waldbewohner; oder eine Person des Waldes

Sarong – ein traditionelles Tuch, das von Frauen und Männern in ganz Südostasien getragen wird. Ein Sarong wird aus Batikstoffen oder bedruckten Baumwollstoffen hergestellt und ist rechteckig. Ein Sarong kann auf verschiedene Arten gewickelt werden, um unterschiedliche Kleidungsstile zu kreieren. Er findet auch noch viele andere Verwendungen, z. B. als Decke oder Babytragetuch.

Satay – kleine Fleischspieße

Selamat sore – Guten Tag

Sekolah Menegah Pertama – weiterführende Schule

Sop – Suppe

Utan – Wald

Warung – ein kleines Restaurant oder eine Imbissbude

ORANG-UTANS

Orang-Utans leben auf den Inseln Sumatra und Borneo. Sie sind die einzigen Menschenaffen, die außerhalb Afrikas leben, und außerdem die größten Baumbewohner der Welt.

Man unterscheidet drei verschiedene Arten: den Sumatra-Orang-Utan (*Pongo abelii*), den Borneo-Orang-Utan (*Pongo pygmaeus*) und den Tapanuli-Orang-Utan (*Pongo tapanuliensis*).

Ausgewachsene Männchen können zwischen 90 und 135 kg und Weibchen zwischen 45 und 55 kg wiegen. Man hat bis zu 60 Jahre alte Orang-Utans dokumentiert.

Orang-Utans teilen mit uns Menschen bis zu 97 % der DNA und gelten als außergewöhnlich intelligent.

Orang-Utans ernähren sich hauptsächlich von Früchten und verbringen in freier Wildbahn die meiste Zeit hoch oben in den Baumkronen, wo sie eine breite Auswahl an Wildpflanzen finden.

Orang-Utans sind stark vom Aussterben bedroht. Man schätzt, dass derzeit weniger als 100.000 in freier Wildbahn leben und jedes Jahr bis zu 3.000 getötet werden. Wenn den Orang-Utans nicht mehr genügend Lebensraum im Regenwald bleibt, könnten sie in den nächsten zehn Jahren für immer verschwinden.

RETTUNG DER ORANG-UTANS

Die Orang-Utan-Population ist so klein, dass jeder einzelne Orang-Utan zählt. Jeder Orang-Utan, der in Gefangenschaft gehalten wird, sollte freigelassen und ausgewildert werden, damit er eine Chance hat, sich den wild lebenden Orang-Utans anzuschließen und für das Fortbestehen der Art zu sorgen.

LEBENSRAUM DER ORANG-UTANS

Tieflandregionen, die sich gut zur Landwirtschaft eignen, sind auch der beste Lebensraum für Orang-Utans. Nährstoffe fließen bergab zu den Obstbäumen im Tiefland. Das hat zur Folge, dass Landwirtschaft und Orang-Utans immer miteinander konkurrieren werden. Es ist ein Wettstreit, den die Orang-Utans seit vielen Jahren verlieren – und zwar sehr deutlich.

Man kann die Schuld leicht den Palmölbauern in die Schuhe schieben, weil sie den Lebensraum der Orang-Utans zerstören. Aber die Bauern sind nicht allein schuld. Sie versuchen nur, sich ihren Lebensunterhalt zu verdienen. Es sind die großen Agrarkonzerne, die entscheiden, was angepflanzt wird, um den größtmöglichen Profit zu erzielen. Sobald ein Regenwald für einen *Monokultur-Anbau* gerodet wird, ist der Lebensraum der Orang-Utans zerstört.

WAS IST EINE MONOKULTUR?

Bei Monokulturen wird nur eine einzige Pflanzenart angebaut, wie Palmöl, Reis, Kautschuk oder Kokosnusspalmen. Wenn von *nachhaltigem Palmöl* die Rede ist, dann ist das besser als nicht nachhaltiges Palmöl, weil es verantwortungsvoll angebaut wird. Aber trotzdem hat es bereits Lebensraum der Orang-Utans zerstört.

LÖSUNGEN

Wir brauchen Lösungen, um die die verbliebenen Regenwälder zu erhalten und den Bauern alternative Einkommensmöglichkeiten anzubieten. Regenwälder müssen geschützt werden, um diese einzigartigen Ökosysteme und ihre bedrohten Arten – nicht nur Orang-Utans, sondern auch Elefanten und Tiger – zu schützen.

Wir brauchen Aktivismus, um auf das Problem aufmerksam zu machen und um Spenden zu sammeln, damit wir es lösen können. Außerdem ist Aufklärungsarbeit notwendig, um den Landbesitzern andere Möglichkeiten aufzuzeigen, wie z. B. den sogenannten Etagenanbau unter den Bäumen. Vanille, Bananen und

Gewürze kann man im schützenden Schatten großer Bäume anbauen, ohne den Regenwald zu zerstören.

WIE KÖNNEN WIR HELFEN?

Als Konsument ist es gut, Produkte ohne Palmöl zu kaufen, aber das wird nicht ausreichen, um die Orang-Utans zu retten. Um sie und um unseren Planeten zu retten, müssen wir alle jeden Tag sinnvolle Entscheidungen treffen. Was wir kaufen, hat Auswirkungen, aber wir können auch noch mehr Entscheidungen in unserem Alltag treffen:

- Wir können recyclen und Einwegplastik vermeiden, stattdessen wiederverwendbare Wasserflaschen benutzen.
- Wir können unseren CO_2-Fußabdruck verringern, indem wir, wann immer möglich, laufen oder Rad fahren, statt das Auto zu nehmen.
- Wir können erneuerbare Energien verwenden wie z. B. Wind- oder Solarenergie.
- Wir können Wasser sparen, indem wir z. B. den Wasserhahn zumachen, während wir uns die Zähne putzen.
- Wir können das Licht ausschalten, wenn wir den Raum verlassen.
- Und wir können unsere Stimme erheben, um auf einen notwendigen Wandel aufmerksam zu machen.

Wir können jeden Tag darüber nachdenken, was wir tun, und überlegen, welchen Einfluss es auf den Planeten hat.

Das **Orang-Utan-Projekt (The Orangutan Project – TOP)** arbeitet unermüdlich an neuen Initiativen, um Tiere zu retten. TOP ist eine hocheffektive Organisation, die sehr viel in die Rettung von Orang-Utans und Regenwäldern investiert. Ihre Arbeit konzentriert sich vor allem auf folgende Bereiche:

1. Retten, wieder eingliedern, auswildern
2. Natürliche Lebensräume schützen
3. Örtliche Gemeinden informieren und unterstützen
4. Einen Wandel herbeiführen, indem man sich erhebt und zu Wort meldet

Wenn du etwas spenden oder mehr über die sinnvolle Arbeit erfahren möchtest, die sie leistet, dann schau dir ihre Website an:

www.orangutan.org.au

NACHWORT

Diese Geschichte ist inspiriert durch ein Erlebnis, das ich hatte, als ich vor vielen Jahren in Surabaya in Indonesien gelebt habe.

Damals hat mein Bruder auch in Indonesien gelebt und ist für seine Arbeit in weit abgelegene Gegenden in Ostjava gereist. Eines Tages rief er mich ganz verstört an, um mir zu erzählen, dass er in einem Dorf namens Malang in Ostjava einen Orang-Utan im Käfig entdeckt hat.

Das war, noch bevor es Internetsuchmaschinen gab. Es war daher nicht so einfach, eine Organisation zu finden, die Orang-Utans rettet. Außerdem hatte das kleine Restaurant noch nicht einmal eine Adresse. Wir wussten also, dass es schwer sein würde, es wiederzufinden.

Ich habe mit meinen Freunden in Surabaya gesprochen und gefragt, ob es jemanden gibt, der uns helfen könnte, den Orang-Utan zu retten. Zum Glück kannte ein Freund jemanden, der ehrenamtlich bei einer Tierschutzorganisation arbeitete. Mein Freund versprach mir, uns miteinander in Kontakt zu bringen.

Wochen vergingen und dann rief mich eines Tages der ehrenamtliche Mitarbeiter an. Die Tierschutzorganisation würde noch am selben Tag in der Gegend von Malang sein und musste sofort wissen, wo der Orang-Utan eingesperrt war. Panisch versuchte ich meinen Bruder zu finden. Es gab noch keine Handys!

Als ich ihn endlich aufgespürt hatte, musste er den Ort so genau wie möglich beschreiben, damit sie ihn finden konnten.

Nervös warteten wir beide und hofften, dass der ehrenamtliche Mitarbeiter in der Lage sein würde, den Orang-Utan zu finden.

Er wurde gefunden und aus dem Käfig gerettet, in dem er viele Jahre gehalten wurde. Genau wie in der Geschichte musste der Käfig aufgeschnitten werden, um ihn zu befreien, weil er zu groß für die Käfigöffnung geworden war.

Wochen später kehrte mein Bruder zu dem Restaurant zurück. Er sprach mit dem Besitzer über den Orang-Utan. Der Besitzer war erleichtert, dass er gerettet wurde. Er hatte keine Ahnung, wie er sich um ihn kümmern sollte, und hatte nicht gewusst, dass es Organisationen gibt, die Orang-Utans retten und wieder auswildern.

Wir waren dankbar, dass er mit der Organisation kooperiert hat und der Orang-Utan gerettet werden konnte.

Ich weiß nicht, was aus diesem Orang-Utan geworden ist, nachdem man ihn gerettet hat. Ich hoffe inständig, dass er immer noch lebt und wild und frei im Regenwald von Sumatra oder Borneo umherschwingt. So wie alle Orang-Utans das sollten.

DANKSAGUNG

Ich habe so viel über Orang-Utans gelernt und muss mich bei vielen Menschen dafür bedanken, dass sie ihr Wissen und ihre Weisheit mit mir geteilt haben. Mein Dank geht an Anitha Rao Robinson, Direktorin der *Wildlife Conservation International Foundation Canada*, und an Leif Cocks, den Gründer des Orang-Utan-Projekts. Leifs Buch *Orangutans. My cousins, My friends* (The Orangutan Project, 2016) war für mich besonders hilfreich, ebenso wie seine informativen Webinare. Vielen Dank auch an die Orang-Utan-Station im Zoo von Melbourne in Australien. COVID-19 hat mich zwar daran gehindert, wie geplant nach Indonesien zu reisen, aber ich bin dankbar, dass ich Zeit auf der Orang-Utan-Station im Zoo von Melbourne verbringen durfte, um die drei fantastischen Orang-Utans dort zu beobachten: Kiani, Gabby und Malu. Vielen Dank an Felicia Epstein für ihre primatenfachkundige Lektüre.

Alle Fehler sind meine eigenen.

Ich bin dankbar für die finanzielle Unterstützung, die ich vom *Canada Council for the Arts* und dem *Ontario Arts Council* erhalten habe, um diese Geschichte zu schreiben.

Ein Dank geht auch an meine erste Leserin, Sophia Christou.

Außerdem bin ich meiner Lektorin Kathryn Cole sehr dankbar. Und der Juniorlektorin Erin Alladin.

Ein besonderer Dank geht an meinen Traumverleger, Gail Winskill, und an das ganze Team von Pajama Press.

Bis in alle Ewigkeit bin ich meiner Familie dankbar: Teddy, Sophia und Mark.

Autorin

Michelle Kadarusman wuchs in Melbourne, Australien, auf und lebte viele Jahre in der Heimat ihres Vaters, in Indonesien, bevor sie im Jahr 2000 nach Kanada zog. Michelle hat mehrere, viel beachtete Romane und ein Bilderbuch veröffentlicht. Heute lebt sie in Toronto, Kanada, und Byron Bay, Australien.

© Micah Ricardo Riedl

© Christiane Engel

Übersetzerin

Silvia Schröer, geboren 1972, studierte Germanistik und Geschichte in Frankfurt am Main und Paris. Eigentlich wollte sie Lehrerin werden, aber dann siegte doch ihre Liebe zu Büchern. Sie arbeitete viele Jahre als Verlagslektorin, bevor sie anfing, auch zu übersetzen und selbst Geschichten zu schreiben. Sie lebt in einem Männerhaushalt mit Ehemann und vier Söhnen in Heidelberg.